Knaur.

Über die Autorin:
Hülya Özkan kam als Kind mit ihrer Familie nach Deutschland. Während ihre Eltern später wieder zurück in die Türkei gingen, entschied sie sich zu bleiben. Sie studierte Politologie und Journalistik und ging zum Fernsehen. Im ZDF moderiert sie die Sendung *heute in Europa*. Bei einem ihrer regelmäßigen Türkeibesuche hat sie zwischen türkischem Honig und Hochzeitsvideos beschlossen, die Erlebnisse mit ihrer schrecklich netten türkischen Familie aufzuschreiben.

Hülya Özkan

Güle Güle Süperland

Eine Reise zu meiner schrecklich netten
türkischen Familie

Knaur Taschenbuch Verlag

Besuchen Sie uns im Internet:
www.knaur.de

Originalausgabe Mai 2011
Copyright © 2011 by Knaur Taschenbuch.
Ein Unternehmen der Droemerschen Verlagsanstalt
Th. Knaur Nachf. GmbH & Co. KG, München
Alle Rechte vorbehalten. Das Werk darf – auch teilweise –
nur mit Genehmigung des Verlags wiedergegeben werden.
Umschlaggestaltung: ZERO Werbeagentur, München
Umschlagabbildung: © N. Reitze de la Maza
Satz: Adobe InDesign im Verlag
Druck und Bindung: CPI – Clausen & Bosse, Leck
Printed in Germany
ISBN 978-3-426-78391-7

5 4 3 2 1

Inhalt

Alarmstufe Heimat 9
Außen türkisch, innen deutsch 13
Westsidestory 27
Was sollen die Leute denken? 39
Willkommen in Almanya 47
Mit Risiken und Nebenwirkungen 67
Ein Paradies mit kleinen Schönheitsfehlern 73
Von Wunderheilern und Doktoren 97
Eine schrecklich nette Familie 105
Im Heiratsfieber 129
Was guckst du? 143
Armer deutscher Mann 149
Mit dem Mund einen Vogel fangen 167
Im Bürokratiedschungel 189
Besuch der »alten Dame« 211
Güle Güle Süperland 221

Wir saßen im Flieger von Istanbul nach Frankfurt, und kurz vor der Landung sagte ich zu meinem Mann: »Hoffentlich gibt es keinen Ärger mit dem *Mumbar.*«
»Mit dem was?«
»Das, was dir meine Mutter mitgegeben hat«, antwortete ich, ohne die Konsequenzen zu bedenken.
»Davon weiß ich ja noch gar nichts! Was soll das sein?« Mein Mann roch wohl den Braten, aber noch war er guter Dinge.
»Lammdärme. Sie sind gefüllt mit Hackfleisch, Reis, Zwiebeln und Kräutern und sehen aus wie lange, dünne Würstchen«, erklärte ich ruhig und fügte noch hinzu: »Eine Spezialität aus dem Südosten.«
»Gefüllte Eingeweide!« Mein Mann war entsetzt.
»Mutter wollte, dass wir es mitnehmen. In Deutschland gibt es so was nicht. Gekocht und eingefroren hält der *Mumbar* wochenlang.«
»Das ist illegal«, zischte mein Mann mir ins Ohr. »Das Einführen von Lebensmitteln wie Käse, Eier, Fisch, Wurst und Fleisch aus Nicht-EU-Ländern ist verboten. Wegen MKS, BSE und Vogelgrippe«, dozierte er.
»Lebensmittel wie Schweinshaxe, Saumagen oder Griebenschmalz können aber in die Türkei eingeführt werden. Wie ungerecht!«, entgegnete ich.
»So sind nun mal die Bestimmungen. Ich kann auch nichts dafür«, flüsterte er mir ins Ohr und verwies noch darauf, dass

Schmuggler, die erwischt würden, die Kosten für das Vernichten der Lebensmittel übernehmen müssten.

So schnell gab ich aber nicht auf und machte ihn darauf aufmerksam, dass er als Deutscher sowieso nie kontrolliert würde, im Gegensatz zu mir.

»Stell dich doch nicht so an. Was ist schon dabei?«, versuchte ich, die Sache weiter kleinzureden.

»Und wenn ich dabei erwischt werde?«

»Übertreibst du nicht ein bisschen? Das sind doch nur gefüllte Lammdärme und keine harten Drogen.«

Ich konnte machen, was ich wollte, mein Mann ließ sich zu keiner Gesetzlosigkeit überreden.

Er wehrte sich vehement, wollte keinen Ärger und meinte, wir Türken würden ihn immer wieder in irgendwelche krummen Geschichten hineinziehen. Mit einem Mal stand er ganz entschlossen auf, angelte aus dem Handgepäckfach seine Tasche und holte das Einmachglas heraus.

Sein türkischer Sitznachbar rief beim Anblick der sich darin schlängelnden Gedärme schon begeistert: »Ist das *Mumbar*? Das hab ich ja seit Jahren nicht mehr gegessen!«

Jetzt hatte er die Chance dazu, denn mein Mann hielt ihm das Glas vor die Nase.

Von schräg hinten fragte eine Deutsche: »Sind das Würstchen?«

»Nein, gefüllte Eingeweide«, erklärte mein Mann. »Greifen Sie ruhig zu.«

Die Frau lehnte dankend ab.

Die Türken aber ringsum aßen mit großem Appetit. Bis zur Landung war alles weggeputzt.

Alarmstufe Heimat

Seit über vierzig Jahren lebe ich in Deutschland, zahle meine Steuern, komme zu jedem Termin zur verabredeten Zeit, mache Deutsch-Aufsätze mit meinen Kindern, feiere Weihnachten – die Lightversion – und trinke auch mal Wein. In Maßen natürlich. Außerdem bin ich seit einundzwanzig Jahren mit einem Deutschen verheiratet, noch dazu einem Preußen, und tapfer habe ich unzählige Male bei geselligen Abenden die Frage bejaht, ob ich denn auch integriert sei.
Aber trotz allem gibt es sie noch, die türkische Seite in mir. Oder direkt gesagt: meine schrecklich nette türkische Familie mit den Kraken-Armen, die streicheln, aber auch erdrücken können.
Die türkische Familie, das sei hier versichert, ist nicht wie eine deutsche Familie – nein! Sie ist mal ein wärmendes Gefieder, das man nicht missen mag, mal eine strenge Instanz mit der Schärfe der katholisch-päpstlichen Inquisition. Bei den herzlich-heftigen Gesprächen im Kreis der Verwandtschaft sind die Grenzen zum handfesten Streit oft fließend. Die türkische Familie gibt und verlangt alles. Jeder Anruf aus der Türkei versetzt mich in freudige und ängstliche Aufregung zugleich: Alarmstufe Heimat. Was ist es wohl diesmal?

Bei chronischer Übererregung raten Therapeuten, das Problem offensiv anzugehen. Also habe ich beschlossen, Urlaub zu nehmen und die Reise anzutreten zu den Tiefen der familiären Verstrickung – allein und ohne schützenden Beistand meiner deutschen Familie. Ein Selbstversuch mit Mutter, Vater, Tanten, Onkel und Cousinen: Wie werde ich mit ihnen klarkommen? Was wird mich jenseits des Bosporus erwarten?

Meine Mutter besuche ich, sooft es geht, die übrige Verwandtschaft aber habe ich schon seit vielen Jahren nicht mehr gesehen. Ich fürchte, sie ist mir doch ein wenig fremd geworden.

Ich weiß, ohne Gastgeschenke brauche ich den Flieger nach Istanbul nicht zu besteigen, aber was soll ich mitbringen?

»Braucht ihr etwas aus Deutschland?«, frage ich Tante Handan am Telefon.

»Nein danke, wir haben hier alles«, antwortet sie, ganz die Patriotin. Na klar, in der Türkei ist sowieso alles besser …

Doch wehe, ich komme mit leeren Händen, dann heißt es schnell, ich habe die türkischen Sitten und Gebräuche vergessen. Darauf falle ich bestimmt nicht rein. Denn bei Türken muss ein »Nein« nicht immer ein »Nein« bedeuten. Es kann auch ein »vielleicht« oder ein »von mir aus« gemeint sein – das habe ich inzwischen gelernt.

Nussschokolade von Aldi, Medizin, Nivea oder Shampoo gegen Haarausfall ist also ein absolutes Muss – ja, das ist als Gastgeschenk bestimmt willkommen.

Mit schwerem Gepäck mache ich mich auf den Weg zum Flughafen. Der Taxifahrer, der mich abholt, ist Türke – aus Izmir. Schon während der ersten Minuten erklärt er mir, dass er »die« aus Diyarbakır – meiner Geburtsstadt – nicht leiden könne.

»Halte Taschen zu und rede nicht über Geld, sonst wirstu ausgeplündert und bistu arm wie Bettler nach dem Urlaub«, gibt er mir zum Abschied am Terminal 1 in Frankfurt mit auf den Weg. Ein Philosoph … Das kann ja heiter werden, denke ich. Andererseits: So schlimm muss es ja nicht kommen, rede ich mir ein. Den Selbstversuch bei meiner schrecklich netten Familie werde ich schon überleben.

Außen türkisch, innen deutsch

Über Istanbul hörte ich mal jemanden sagen: Diese Stadt kannst du nicht erobern, sie erobert dich. Sollte dies ein Kompliment sein, dann ist es wohl Istanbuls magischer Schönheit geschuldet. Will man die Stadt aber wirklich begreifen, sollte man Augen und Ohren aufsperren und sich treiben lassen. Man sollte bereit sein, ihre faszinierenden Gegensätze auf sich wirken zu lassen.

Trotzdem: Istanbul ist nichts für Schwächlinge oder für Leute, die die starre Verlässlichkeit lieben. Man muss schon sehr leichtfüßig, besser gesagt: eine multiple Persönlichkeit sein, um sich von Istanbul nicht kleinkriegen zu lassen – genau wie meine Mutter. Stau, Stress und die Widrigkeiten des Alltags – damit kommt sie erstaunlicherweise ganz gut klar.

Seitdem sie in Rente ist, pendelt sie zwischen Deutschland und der Türkei hin und her, wie so viele Türken der ersten Generation. Und ich, die zweite Generation, fliege oft hinterher, um nach dem Rechten zu sehen. Frankfurt – Istanbul mit SunExpress – der Flug dauert knapp drei Stunden, und schon bin ich in einer anderen Welt. Ich lande im asiatischen Teil und wechsele den Kontinent. Denn jenseits des Bosporus, im europäischen Teil, wohnt meine Mutter.

Sie begrüßt mich so überschwenglich, als hätten wir uns seit Jahren nicht mehr gesehen. Dabei war ich erst im letzten Sommer hier.
Das Rentnerleben habe sie von einer großen Last befreit, erzählt sie mir, als wir später bei einer Tasse Tee zusammensitzen. Langsam käme sie zu sich, nach den ewigen Kämpfen in Deutschland.
»Das monotone Leben, das Hetzen von Arbeit zu Arbeit haben mich ausgelaugt und mir die Lebensfreude geraubt.«
Sie wirkt sehr nachdenklich, als spukten ihr alte Erinnerungen im Kopf herum.
Fast vierzig Jahre habe sie ununterbrochen geschuftet, sagt sie und fügt stellvertretend für ihre Generation noch blumig hinzu: »Während unsere Hände arbeiteten, wanderten unsere Seelen umher.«
Ich verstehe, was sie meint, aber anscheinend ist ihre Seele viel mehr gewandert, als es ihr guttun konnte. Denn irgendwann begann sie, merkwürdige Dinge zu tun: Sie führte Dialoge mit sich selbst, was ihre Kollegen belustigt zur Kenntnis nahmen. Doch sie wollte nicht, dass man sie mitleidig anstarrte. Damit die Selbstgespräche aufhörten, kam sie auf die Idee, Kaugummi zu kauen.
Zusätzlich kontrollierte sie ihre Mimik – mit Hilfe eines kleinen Spiegels, den sie an ihrem Arbeitsplatz aufgestellt hatte. Sie war so auf die Vertuschung ihrer Psychose fixiert, dass sie nicht einmal merkte, wie ihre Hand unter eine Stanzmaschine geriet. Und selbst da wollte sie nicht negativ auffallen und arbeitete weiter …
Zum Glück verfolgen sie die Geister der Vergangenheit heute nicht mehr.

Wir sitzen vor dem überdimensionalen Plasmafernseher »Made in China«, den ihr mein Bruder aus Deutschland mitgebracht hat. Dafür hat er Hunderte Euro Zoll bezahlt, weil Mutter türkischen Fernsehern misstraut – sie würden zu schnell kaputtgehen, behauptet sie.
Auch der Hightech-Kühlschrank mit integriertem Eiswürfelspender ist ein bewährtes Fabrikat aus Almanya. Mein Bruder hat ihn in Einzelteile zerlegt, mit einem Kleinbus über Österreich, Slowenien, Kroatien, Serbien, Mazedonien und Bulgarien bis nach Istanbul transportiert. Ich glaube mich erinnern zu können, dass er sogar quer durch die Ukraine gefahren ist, wohl aus zolltechnischen Gründen.
Mutter hängt an »Made in Germany«, auch wenn viele dieser vermeintlich deutschen Produkte heute ganz woanders hergestellt werden. Ein Zimmer ihrer Wohnung ist daher wie eine Lagerhalle vollgestopft mit allerhand Gebrauchsgegenständen, die sie von ihren Trips nach Deutschland mitgebracht hat. Alles auf Vorrat, wie ein Hamster, damit sie immer alles zur Hand hat, wenn mal einer danach fragt: Netzkabel, Textmarker oder Sparschäler, Notstromaggregat, Heftklammern oder eine Salatschleuder.
Im Haus gibt es Kabelfernsehen, aber Mutter braucht unbedingt Satellitenschüsseln, und zwar zwei große auf einmal. Ich vermute, dass auch diese aus Deutschland stammen. Wie sie diese monströsen Teile hierhergeschleppt hat, kann ich nicht sagen. Sie will wohl nicht nur die türkischen und deutschen Fernsehsender empfangen, sondern auch die 100 bis 200 anderen aus dem Nahen und Mittleren Osten und aus Fernost. Ob sie all diese Sender tatsächlich guckt, ist eine andere Frage. Hauptsache, sie könnte.

Pech nur, dass ihr Superfernseher aus Deutschland immer dann nicht funktioniert, wenn wir in Istanbul sind.
Ich erinnere mich an einmal, als ich bei ihr zu Besuch war und den Fernseher einschaltete. Statt der »heute«-Sendung war auf dem Bildschirm jedoch nur Grießeln zu sehen.
Sofort griff Mutter zum Hörer, um einen Fernsehtechniker anzurufen, einen aus dem Südosten des Landes, versteht sich. Mit Handwerkern aus anderen Regionen habe sie schlechte Erfahrungen gemacht, meinte sie.
Er kam tatsächlich sehr schnell, hantierte allerdings sehr lange am Fernseher herum. Immerhin, als er fertig war, funktionierte das Gerät wieder.
Diese vermeintliche Reparatur hielt jedoch nur für zwei Tage, dann mussten wir den Mann erneut kontaktieren. Denn wieder war kein Bild zu empfangen.
Auch dieses Mal kam der Techniker sehr schnell, und plötzlich fiel ihm ein, dass er vielleicht auch mal nach den beiden Satellitenschüsseln schauen könnte. Also stieg er auf das Dach und blieb fast eine Stunde verschollen. Ich machte mir schon Sorgen und dachte, er sei vielleicht abgestürzt. Also beschloss ich, nach ihm zu suchen, und kämpfte mich durch den Sperrmüll, den die Nachbarn verbotenerweise auf dem Dachboden lagerten. Durch die Dachluke konnte ich sehen, wie er in luftiger Höhe unschlüssig auf den Dachpfannen balancierte. Er wird schon wissen, was er tut, überlegte ich, ließ ihn weiterarbeiten und ging zurück in die Wohnung, wo wir voller Erwartung auf den Bildschirm starrten.
Eine weitere halbe Stunde verging, ohne dass etwas geschah. Als der Techniker sich endlich wieder bei uns blicken ließ,

sagte er, er habe jetzt alles im Griff. Ein Sturm hätte die Satellitenschüsseln abgerissen, aber er habe sie mit Kabeln fest umwickelt, und zwar am Kamin des Hauses. Er strahlte, als habe er Großes vollbracht. Und auch ich war überwältigt von dieser einfachen Lösung: endlich mal einer, der nicht gleich aufgibt und Einfallsreichtum beweist.

Wir schalteten hin und her und erfreuten uns an der Sendervielfalt. Am Anfang funktionierten noch alle Programme, doch wenige Zeit später nur die türkischen, und am Abend gab es erneut einen Totalausfall.

Mutters Stimme war eisig, als sie am nächsten Morgen wieder beim Techniker anrief. Er könne sich das Ganze nicht erklären, murmelte er und versprach, sofort vorbeizukommen. Schon zehn Minuten später war er da, bereit, noch einmal auf das Dach zu klettern.

Er machte es spannend, denn wieder dauerte es eine Ewigkeit, bis er uns mit der Aussage überraschte, dass die Satellitenschüsseln, die er gestern notdürftig am Kamin fixiert hatte, wieder abgefallen seien. Gestern habe er seinen Bohrer nicht dabeigehabt – er hätte ihn einem Kollegen ausgeliehen –, doch jetzt habe er unter Schwierigkeiten mehrere Löcher in den Kamin gebohrt und die beiden Satellitenschüsseln fachmännisch mit Schrauben daran angebracht. Er hoffe, dass das alte Gemäuer das aushalten würde, denn man wisse ja nie …

Das klang nicht gerade optimistisch. Sollte das Wohnhaus also in absehbarer Zeit über den Bewohnern zusammenbrechen, wäre die Schuldfrage schnell geklärt.

Immerhin, bis es so weit war, kamen wir in den Genuss, aus mehreren hundert Programmen wählen zu können …

Meine Mutter ist Perfektionistin, aber vor allem ist sie keine Rentnerin, die ihren Lebensabend taubenfütternd auf irgendeiner Parkbank verbringt. Nein, sie durchstreift für ihr Leben gern Baumärkte – ihr liebstes Hobby, das war schon in Deutschland so.

Als sie anfing, ihre Wohnung zu renovieren, um sie auf den letzten europäischen Stand zu bringen, glich das fast einem Abrisskommando. Über Monate mussten die Nachbarn in dem vierstöckigen Haus die täglichen Erschütterungen des Gemäuers ertragen. Den drei jungen Studenten neben ihr mit einer Vorliebe für Heavy-Metal-Musik machte das nichts aus, den anderen Nachbarn aber schon. Dem jungen Ehepaar von nebenan und der Oma mit den drei Katzen direkt unter ihr ging Mutters Sanierwahn ziemlich auf die Nerven. In ihren Augen war das alles blinder Aktionismus, den sie als deutsche Besserwisserei deuteten.

Trotzdem ließ es sich Mutter nicht nehmen, Wände zu versetzen, Küche und Bad zu erneuern und eine Fußbodenheizung und neue Fenster einzubauen. Doch kaum waren die Handwerker aus der frisch renovierten Wohnung abgezogen, fielen ihr die ersten Mängel auf: Einige Fenster ließen sich nicht richtig schließen. Unglücklicherweise war das im Herbst.

Der Kampf mit dem Fensterinstallateur, in der Türkei *Pimapenci* genannt, ist noch nicht beigelegt, als ich sie nun in Istanbul besuche. In der Zwischenzeit ist Mutter aber fest entschlossen, das Problem an der Wurzel zu packen, denn mittlerweile regnet es durch die Fenster herein.

Wir gehen zusammen ins Schlafzimmer, und sie zeigt mir eine der undichten Stellen. Dass hier gepfuscht wurde, ist auch dem letzten Laien klar, denn an den Wänden zeigen sich schon erste Schimmelspuren.

»Das ist gesundheitsgefährdend!«, stelle ich entrüstet fest.

Mutter aber meint fast schon verständnisvoll, der *Pimapenci* habe sich zum Glück doch noch erweichen lassen, vorbeizukommen, um sich die Mängel anzusehen.

Immer diese Horrorgeschichten mit den Handwerkern, überlege ich, als es schon an der Tür klingelt.

Mutter braucht eine Ewigkeit, bis sie öffnet, weil sie gleich drei Sicherheitsschlösser auf einmal aufschließen muss. Ohne viel Geplänkel läuft sie direkt voraus, der Handwerker hinterher, während ich alles aus einiger Entfernung mit Neugier beobachte.

Was in der nächsten Stunde folgt, ist typisch: Der Mann steht zunächst äußerst selbstbewusst vor dem lecken Fenster und versucht sich im Schönreden.

»Sehen Sie es nicht?«, fragt Mutter perplex. Sie steckt demonstrativ die ganze Hand in den Spalt zwischen Rahmen und Fensterflügel, um zu zeigen, woher die Nässe kommt.

»Anscheinend haben Sie die Fenster nicht richtig abgemessen.«

Das sei doch nur eine Petitesse, meint der Handwerker. Und was macht er? Er nimmt eine Säge aus seinem Werkzeugkasten, säbelt schnipp, schnapp einfach ein Stück des abstehenden Fensterflügels ab, bevor er ihn fest nach hinten drückt. Das Gleiche wiederholt er bei den anderen Fenstern.

»So, jetzt passt alles wieder«, verkündet er anschließend zufrieden, als habe er einem Kind das kaputte Spielzeug repariert.

Jetzt lässt sich jedoch das Fenster nicht mehr öffnen, weil es

klemmt. Aber warum will man Fenster überhaupt öffnen, und müssen es gerade diese sein?
Türkische Handwerker sind echte Improvisationskünstler. Das kann in vielen Fällen nützlich sein, oft ist es ihrer Arbeit aber anzusehen, dass sie sich ihr Können im Learning-by-doing-Verfahren angeeignet haben.

Eigentlich hätten wir schön am Bosporus spazieren gehen oder in einem Café am glitzernden Wasser sitzen und die Fischerboote, Fähren oder Tanker betrachten können. Doch Mutter hat anscheinend Wichtigeres vor: sich mit Handwerkern herumzuschlagen.
Nachdem der Pimapenci gegangen ist, sitzen wir wieder auf ihrem weißen türkischen Sofa und trinken Tee. Mutter rührt geräuschvoll in ihrem zierlichen Teeglas, damit sich die drei Stückchen Zucker auflösen.
»Ich finde, man sollte sich nicht alles gefallen lassen«, sage ich zu ihr, denn sie schien mir gerade doch seltsam distanziert. Früher wäre sie garantiert in die Luft gegangen. Ob sie neuerdings meditiert, um den Zustand innerer Stille zu erleben?
»Eigentlich hätte der Mann alles abmontieren und auf eigene Kosten neue, passgerechte Fenster anbringen müssen«, kläre ich sie auf.
Ich will es nicht allzu kompliziert machen. Denn sie hätte auch alle Mängel zur Beweissicherung fotografieren, dem Handwerker eine schriftliche Mängelliste zuschicken und ihn auffordern können, die Fehler zu beseitigen – mit einer Fristsetzung versteht sich. Zwei Wochen müssten reichen. Das ist jedenfalls in Deutschland so, wenn man dort an

schwarze Schafe gerät. In der Türkei aber gelten andere Gesetze, manchmal allerdings auch gar keine. Hier muss man viel Geduld und gute Nerven haben.
Plötzlich schnellt Mutter hoch, weil es geklingelt hat. Sie schaut erst durch den Spion und öffnet dann die Tür. Dort steht ein etwas heruntergekommener Mann in verschmutzter Arbeitskleidung.
»Dich hatte ich ja ganz abgeschrieben!«, ruft sie.
Sie duzt ihn, anscheinend kennen sie sich schon länger.
»Ich hab dich nicht vergessen«, sagt der Mann gönnerhaft und stolz. In der Hand hält er eine durchsichtige Tüte, darin etwas, was so aussieht wie ein Schlauch.
Doch nicht schon wieder einer dieser trickreichen Handwerker!
Mutter verzieht säuerlich das Gesicht. »Nach einer Woche kommst du endlich mit dem Ersatzteil für die Waschmaschine, obwohl ich dir das Geld vorgestreckt habe? Du wolltest doch das Teil hier um die Ecke besorgen und gleich wieder zurück sein. Ich dachte wirklich, du bist mit dem Geld abgehauen«, sagt sie vorwurfsvoll.
Habe ich mich verhört? Mit dem Geld abgehauen? Die Geschichten von der Blaumännerfront werden immer abenteuerlicher.
Der Mann lacht verschmitzt wie ein Teenager. »Es ist mir leider etwas dazwischengekommen, sonst hätte ich dich doch nicht so lange warten lassen. Gerade, als ich das Ersatzteil kaufen wollte, bin ich einem alten Freund vom Militär begegnet – das mussten wir einfach feiern!« Er schaut in die Runde, als könne jeder hier seine Lage verstehen.
»Mit meinem Geld natürlich!«, fährt ihn Mutter an.

Der Handwerker nickt wenigstens etwas betroffen und erläutert mit Unschuldsmiene, dass er danach erst einmal seinen Rausch ausschlafen musste. An den folgenden Tagen hätte er noch andere Aufträge übernehmen müssen, um das Geld, das er beim Zechen ausgegeben hatte, wieder zu verdienen.

»Schwamm drüber«, beschließt er nun, marschiert an uns vorbei und macht sich auf den Weg ins Bad.

Fünf Minuten später hat er den Schlauch an der Waschmaschine angebracht, sein Honorar ohne Rechnung und Quittung kassiert und sich gutgelaunt verabschiedet.

Jeden Tag ein, zwei Handwerker im Haus – da kann es jedenfalls nie langweilig werden.

Zurück im Wohnzimmer, werfe ich einen Blick auf die Straße: Junge Frauen im Minirock und mit einem Handy am Ohr neben anderen, die züchtig von Kopf bis Fuß in schwarzes Tuch gehüllt sind, Geschäftsleute mit Aktenkoffern neben Lastenträgern vom Land und moderne Bürotürme neben orientalisch anmutenden Märkten. Es ist eine Welt voller Widersprüche, und trotzdem funktioniert sie irgendwie.

Auf dem Couchtisch liegt die Tageszeitung. Sie berichtet von all den Dramen in der Großstadt, von Gier, Eifersucht und menschlichen Abgründen. Illustriert in auffällig roter Farbe und geschmückt mit Sätzen und Formulierungen wie »dahingemetzelt«, »jede Hilfe kam zu spät«, »verblutete auf offener Straße« oder »ihr Haus wurde zu ihrem Grab«.

Ich weiß, die Zeitungen dramatisieren oft, und so schlimm ist es meist gar nicht, aber ich mache mir immer Sorgen um Mutter.

»Bist du denn auch vorsichtig, wenn du unterwegs bist?«, frage ich.

»Keine Angst, ich pass schon auf, dass mir keiner die Handtasche vom Arm reißt«, sagt sie ganz abgeklärt.

»Ich wünschte, man hätte es nur mit Handtaschenräubern zu tun. Die Zeitungen sind voll von noch übleren Dingen«, bemerke ich und bewundere ihre Ruhe.

»Ein Block weiter ist neulich eingebrochen worden«, erwähnt sie beiläufig. »Ich habe aber eine äußerst stabile Sicherheitstür.«

»Und mehrere Sicherheitsschlösser«, ergänze ich.

»Man sollte die Wohnung außerdem nie verwaist aussehen lassen.«

»Und was willst du dagegen tun? Sollen die Nachbarn die Jalousien rauf- und runterziehen oder das Licht ein- und ausschalten, wie das in Deutschland üblich ist?«, frage ich.

»Meine alleinstehende Nachbarin stellt immer Schuhe vor die Tür, wenn sie aus dem Haus geht«, antwortet sie. »Aber keine eleganten Treter, richtige Männerschuhe, damit man gleich erkennt, dass die Wohnung erstens bewohnt ist, und zweitens, dass mit den Bewohnern nicht zu spaßen ist.«

»Das ist nicht dein Ernst!« Ich muss losprusten, weil ich mich bei dem Gedanken ertappe, ob man diese aberwitzige Einbruchsperre nicht auch in Deutschland anwenden könnte – mit den Schuhen meines Mannes. Ob das dort auch die erwünschte Wirkung hätte?

»Ein todsicherer Tipp, glaub mir«, sagt Mutter schmunzelnd und macht sich auf den Weg in die Küche, um das Mittagessen zuzubereiten.

Es ist fast wie früher, als wir gemeinsam *Karnyarık* zuberei-

ten. Dieses Auberginengericht mit dem martialischen Namen »Aufgeschlitzter Bauch« war das erste Gericht, das ich mit 13 Jahren schon alleine kochen konnte. Und heute kann ich es fast mit verbundenen Augen.
Während Mutter die Zwiebeln und das Hackfleisch anbrät, gewürfelte Tomaten hinzufügt, und mit Salz, Pfeffer und etwas scharfem Paprika abschmeckt, bereite ich die Auberginen zu. Ich schäle sie so, dass ein Streifenmuster entsteht – so habe ich es von meiner Mutter gelernt. Da sie gefüllt werden müssen, schneide ich oben ungefähr fingerdick ein Stück ab und höhle die Auberginen mit einem Teelöffel aus. Wie kleine Schiffchen sehen sie jetzt aus. Sie werden von allen Seiten kräftig in Olivenöl angebraten, bevor sie mit der Hackfleischmischung gefüllt und mit den Auberginendeckeln verschlossen werden. Nun in den Topf damit und mit ein wenig Wasser eine halbe Stunde lang schmoren lassen.
In der Zwischenzeit hat Mutter auf ihrem kleinen Elektrogrill grüne Peperoni geröstet, die sie zum »Aufgeschlitzten Bauch« serviert. Sie tunkt ein Stück Brot in die pikante Sauce und erklärt: »Weißbrot schmeckt dazu am besten.«
»Du machst die Sauce ohne Thymian, oder?«
»Ich finde, der Geschmack der Auberginen ist so unvergleichlich, er sollte nicht überlagert werden. Am besten sind natürlich die dünnen, länglichen. Die dicken in Deutschland haben kein Aroma. Das ist so wie bei den Tomaten«, meint sie und rennt bei mir offene Türen ein.
Die Auberginen bekäme sie auf dem großen Markt gleich hinter dem Haus, wo Obst und Gemüse zu Pyramiden aufgetürmt seien wie in einem Garten Eden und wo es betörend nach Kreuzkümmel, Minze, Zimt und Thymian dufte.

Sie schiebt sich einen Löffel *Karnyarik* und eine gegrillte Peperoni in den Mund, und wir unterhalten uns über früher.

In den Anfangsjahren in Deutschland sei frisches Gemüse Mangelware gewesen, so dass sie oft auf Konserven angewiesen war, erzählt sie. Sie habe aber nur die Dosen mit einem Etikett in leuchtend satten Farben gekauft, auf denen knackiges, frisch geerntetes Gemüse abgebildet war.

Da war Mutter wohl ein wenig leichtgläubig. Sie ging fest davon aus, dass dieses ansprechende Etikett mit dem Inhalt der Dose identisch war. Dass das nur eine Werbestrategie war, um die Kauflust der Kunden anzukurbeln, darauf wäre sie nie gekommen.

Zu groß war damals ihr Vertrauen in den Fortschritt, aber auch in die Aufrichtigkeit der westlichen Gesellschaft.

Westsidestory

»Einweichen, ausspülen und aufhängen.« Eigentlich ist es ja der Werbebotschaft von »Omo« zu verdanken, dass wir in Deutschland geblieben sind. Denn einmal war meine Mutter kurz davor aufzugeben, weil ihr die Knochenarbeit in der Fremde einfach zu viel wurde. Als sie aber die blütenweiße Wäsche auf der Leine sah und ihr die Nachbarin voller Stolz berichtete, dass ein besonderes Waschpulver dieses Wunder vollbracht habe, da erkannte sie: In Deutschland ist es doch leichter und unbeschwerlicher, und sagte zu unserem vom Anpassungskampf und Heimweh erschöpften Vater: »Ich bleibe hier, du kannst ja gehen, wenn du willst.«

Warum ist meine Mutter überhaupt ausgewandert? Sie selbst meint, es sei Vorsehung gewesen, denn als junges Mädchen habe sie einmal einen Traum gehabt, darin hätte sie dichte, dunkle Wälder gesehen. Wohl ein kleiner Vorgeschmack auf die Wälder der Schwäbischen Alb, wo sie als Fabrikarbeiterin Jahre später um drei Uhr nachts auf den einzigen Bus warten musste, der sie zur Schicht brachte.
Und auch als sie älter wurde, träumte sie von der großen, weiten Welt. Mein Opa machte daraus eine Art Lotterie, er schrieb für seine acht Kinder die Namen von fremden Län-

dern auf kleine Zettelchen, die er in ein Jutesäckchen steckte. Und als hätte es das Schicksal vorbestimmt, zog meine Mutter den Zettel mit *Almanya*. Der Hauptgewinn wäre zwar Amerika gewesen, aber Deutschland war auch in Ordnung.

In der Türkei begegnete man damals Menschen, die nach Deutschland gingen, mit größter Ehrfurcht, als würden sie auf den Mond fliegen. Am meisten beeindruckten die deutschen Tugenden: Fleiß, Ordnung, Verlässlichkeit. Das stammte wohl aus der Zeit des Ersten Weltkriegs, als Deutschland und die Türkei Verbündete waren, und sorgte für ein strahlend positives Deutschlandbild. Vor allem bei meinem Opa, der diese Tugenden auch von seinen türkischen Landsleuten einforderte, meist jedoch vergeblich. Immer wenn einer den türkischen Schlendrian herauskehrte oder mal wieder etwas nicht funktionierte, rief er: »Ich bin ein Deutscher!«

Er war aber nun mal ein Türke, allerdings ein sehr untypischer.

Wie gesagt, eigentlich war Amerika das Land der Sehnsüchte. In der Zeitschrift *Hayat* gab es damals Klatschgeschichten über Marilyn Monroe oder Jacqueline Kennedy, und im Openair-Kino, wohin mein Vater uns, Oma, Opa, Onkel und Tanten an den Abenden ausführte, himmelten wir Audrey Hepburn an. Viele Menschen phantasierten sich damals in eine andere, glamouröse Welt hinein, eiferten den Promis nach, imitierten ihre Kleidung, ihre Frisuren und träumten von einem Leben ohne Sorgen, von Wohlstand und technischem Fortschritt. Die Glücksformel war ganz einfach: Wer fleißig war und hart genug arbeitete, konnte schnell aufsteigen – die Filme zumindest suggerierten das, und auch meine Mutter glaubte fest daran.

Unsere Auswanderungsgeschichte begann auf unserem Balkon, den Mutter ringsherum mit einem hohen Drahtgitter versperrt hatte, damit wir Kinder uns nicht aus dem vierten Stock stürzten.
Es war eigentlich nur ein Zufall gewesen, und ich war maßgeblich daran beteiligt. Denn wäre ich nicht auf unseren Balkon geflüchtet und wäre mir Mutter nicht gefolgt, dann hätte sie die Botschaft aus Deutschland nie vernommen, und sie wäre wahrscheinlich in ihrer Heimat geblieben. Geflüchtet ist wohl zu viel gesagt: Ich wollte nur nicht essen, und ich war ein richtiger Zappelphilipp, heute würde man das als hyperaktiv bezeichnen. Meine Mutter sprintete mir mit dem Teller in der Hand hinterher, erst in die Küche, dann ins Wohnzimmer und schließlich auf den Balkon. Und just in dem Moment, als sie mir gerade einen Löffel Reis mit Bohnen in den Mund schieben wollte, ertönte eine blecherne, alles verändernde Stimme: »Achtung, Achtung: Das deutsche Arbeitsamt sucht weibliche Arbeitskräfte!«
Meine Mutter erstarrte und warf neugierig einen Blick nach unten auf die Straße. Auf der Ladefläche eines Pick-ups stand ein Mann mit einem Megaphon in der Hand. Die Stimme Deutschlands in Gestalt eines Türken sprach zu uns: »Achtung, Achtung, Deutschland sucht Arbeiterinnen.«
Meine Mutter wunderte sich ein wenig, dass der lange Arm des deutschen Arbeitsamtes bis in den Südosten der Türkei reichte.
»Süper! Das wäre doch was für mich«, rief sie aus, mit ihren

23 Jahren, mutig und unerschrocken, wie sie nun mal war. Schon als Kind war sie losgegangen und hatte sich selbst in der Grundschule angemeldet, weil es sonst niemand getan hatte – ihre Mutter war krank geworden, der Vater beruflich unterwegs.
Tante Nihal, Mutters zwei Jahre jüngere Schwester, war ebenso begeistert. »Ich komme mit. Wir gehen gemeinsam, und du holst später deinen Mann und die Kinder nach.«
Sie steigerten sich hinein in ihre Neugier und Abenteuerlust. Mein Vater allerdings konnte sich dieser Euphorie nicht gleich anschließen. Er war regelrecht geschockt, als er von den Plänen meiner Mutter hörte. Er dachte an seinen Job als Rektor an einem Gymnasium, an dem er Türkisch und Philosophie unterrichtete, an seine Existenz in der Türkei, die er nicht aufgeben wollte. Ganz sicher wollte er nicht, dass seine Frau und er als Gastarbeiter in irgendeinem abgelegenen Dorf in Deutschland endeten. Doch genauso kam es, knapp anderthalb Jahre später.
»Wo liegt denn *Almanya?*«, fragte ich.
»Weit weg, aber nicht so weit, dass ich nicht jederzeit zurückkommen könnte«, meinte Mutter mit sanfter Stimme und strich mir über die Haare. »Dann hole ich euch, und du lernst Deutsch und gehst dort zur Schule ...«
»Gibt es dort auch Schuluniformen?«, ging ich dazwischen, weil ich erst kürzlich eingeschult worden war und nun voller Stolz mein dunkelblaues Kleidchen mit dem runden, weißen Kragen trug.
»Wenn ich das wüsste«, sagte sie und spann weiter an ihrer Vision. Mein Vater, so ihr Plan, könnte in Deutschland noch mal studieren, Arzt, Anwalt oder Ingenieur werden –

den Lehrerberuf ihres Mannes hasste sie aus irgendeinem Grund –, und wir Kinder sollten eine solide Ausbildung bekommen. Denn in dieser Hinsicht hatte Deutschland einen Platz in der Weltspitze – damals.

Nach langen Diskussionen gab mein Vater am Ende auf, schließlich war der Arbeitsvertrag meiner Mutter ohnehin nur auf ein Jahr befristet. Mit etwas Glück, so dachte er, würde sie dann geläutert aus Deutschland zurückkehren und sich nie wieder von irgendwelchen diffusen Fernwehgefühlen zu solch abenteuerlichen Entscheidungen verleiten lassen.

»Gut, wenn ihr unbedingt wollt«, stimmte er also am Ende zu.

Schon zwei Wochen später waren alle Formalitäten erledigt. Mein Vater begleitete meine Mutter und ihre Schwester nach Istanbul, wo sie von deutschen Ärzten auf Herz und Nieren untersucht wurden. Man horchte ihre Lungen ab, schaute ihnen in den Rachen, kontrollierte Füße und Arme. Meine Tante hatte als kleines Kind einen Unfall gehabt und konnte auf einem Auge nur noch schlecht sehen – deshalb wurde sie ausgemustert und musste in der Türkei bleiben. Bei meiner Mutter aber war alles in bester Ordnung, sie bestand den Menschen-TÜV.

Der Abschied am Bahnhof Sirkeci war ein Abschied ins Ungewisse. Er verlief tränenreich und mit einigen Belehrungen. Mutter solle sich bloß nichts zuschulden kommen lassen und fleißig sein, denn Deutsche hassten den Müßiggang, gab Vater ihr noch mit auf den Weg. Um keine Zeit zu verlieren, würden die Deutschen im Laufen einen Pullover stricken,

und wenn sie aßen, dann würden sie noch nebenbei ein Buch lesen oder andere nützliche Dinge verrichten. Er glaubte wohl selbst nicht daran, denn er lächelte ironisch.
Und auch Mutter gab ihm ein paar wichtige Instruktionen: Er solle gut auf uns aufpassen, nicht dass wir noch vom Balkon fielen. Das Drahtgitter hatte sie vorsichtshalber noch um einen halben Meter erhöht.
Sie ging schweren Herzens, trotzdem hüpfte ihr Herz wohl vor Aufregung und voller Vorfreude auf ihr neues Leben.
In Deutschland wurde Freddy Quinns *Junge, komm bald wieder* zum Hit, Gitte sang *Ich will 'nen Cowboy als Mann,* und in der Türkei startete ein Zug mit arbeitswilligen jungen Frauen in Richtung Westen.
In den Abteilen herrschte aufgeregtes Geschnatter, als der Zug den Istanbuler Bahnhof Sirkeci verließ, später aber breitete sich schweigsame Stille aus, je mehr sie sich ihrem Ankunftsort näherten. Keine der Frauen wusste genau, was sie in Deutschland erwartete.
Als sie zwei Tage später in München ankamen, gab es eine Tüte Milch, zwei Bananen und ein belegtes Brötchen zur Begrüßung. Alles war so perfekt organisiert, wie es eben nur Deutsche können: Die Arbeiterinnen wurden in Empfang genommen, mit Bussen an die Orte verteilt, wo ihre Arbeitskraft gebraucht wurde, und dort in Wohnheimen untergebracht.
Vor Ort erfolgte die Anmeldung, und die Multikulti-Truppe, bestehend aus Griechinnen, Italienerinnen und Türkinnen, wurde mit den Regeln im Heim vertraut gemacht. Hierfür hatte man eigens Übersetzer engagiert. Diese teilten den Frauen auch mit, dass sie bei Siemens arbeiten würden, dass

es eine Fahrgelegenheit dorthin gäbe, und sie erklärten ihnen, wo sie ihre Einkäufe erledigen konnten und dass die Geschäfte samstags nur bis zwei Uhr geöffnet hatten. Außerdem gab man ihnen den Tipp, kein Wasser aus dem Wasserhahn zu trinken, wie sie es von daheim gewohnt waren, sondern Sprudel, den sie in Flaschen im Geschäft nebenan kaufen könnten.

Bald darauf machte sich auch Mutter auf den Weg in den nächsten Supermarkt. Staunend über das Sortiment im Wirtschaftswunderland und die seltsame Angewohnheit, alles in Konserven zu packen bis hin zum Huhn, griff sie zuerst nach einer Dose mit Ölsardinen für 50 Pfennig – übrigens ihre spätere Leib- und Magenspeise, weil sie günstig und nahrhaft war –, und nach einer Flasche mit wasserähnlichem Inhalt, die sie im Wohnheim bis zum letzten Tropfen austrank.

Sie wunderte sich noch über den etwas bitteren Geschmack, dachte aber, dass das wohl so üblich sei in Deutschland, doch dann wurde ihr schwindlig, und sie sank wie ohnmächtig auf dem Boden zusammen, wo sie bald ihre Zimmernachbarinnen fanden. Sie waren erschrocken, steckten sie aber vorsichtshalber in die Badewanne und duschten sie kalt ab. Dann schleppten die Frauen sie ins Bett, und auf einmal dämmerte ihnen, was da los war: Eine der Italienerinnen nämlich entdeckte die Flasche Likör, die meine Mutter in einem Zug ausgeleert hatte. Sie hatte noch nie in ihrem Leben Alkohol getrunken, und jetzt schlief sie ihren ersten Rausch aus, im Bett eines deutschen Wohnheims.

Das Zimmer, in dem meine Mutter wohnte, war zweckmäßig eingerichtet. Sie teilte es sich mit drei anderen Türkinnen: einer unbeholfenen, schüchternen Frau, die noch jünger war als meine Mutter, der Witwe eines früheren Abgeordneten aus Ankara und deren Tochter. Es war ein winziges Dach über dem Kopf, aber man war ja auch nicht zum Vergnügen da.

Zur gemeinschaftlichen Nutzung standen eine Waschmaschine sowie ein Bügel- und Fernsehraum zur Verfügung. Was aber, wie meine Mutter mir später erzählte, richtig Eindruck machte, war die komfortable Badewanne, in die man mit einer ordentlichen Portion Badezusatz, wahlweise mit Tannen- oder Birkenduft, eintauchen konnte. Wenn sich der dichte Schaum auftürmte und man darin verschwand, fühlten sich die Frauen wie die Schauspielerinnen in den amerikanischen Filmen. Dort, wo sie herkamen, nahm man Seife, um sich Körper und Haare zu waschen. Und die Türkinnen waren es sogar gewohnt, sich mit einem groben Waschlappen den Schmutz von der Haut zu rubbeln.

Für jemanden aus einem anderen Kulturkreis legte Mutter eine fast schon calvinistische Arbeitsmoral an den Tag, geprägt durch unbändigen Fleiß und Askese und der Überzeugung, dass Müßiggang nur Zeitverschwendung sei.

»Wie eine Maschine« habe sie geschuftet, erzählte sie uns, immer aufs Vorankommen fixiert.

Ihre Aufgabe bei Siemens bestand darin, Batterien in irgendwelche Leisten zu füllen, bevor sie aufgeladen wurden. Innerhalb einer bestimmten Zeit musste eine vorgegebene Menge geschafft werden, so hatte es der Vorarbeiter mit seiner Stoppuhr festgelegt. Ihr ehrgeiziges Ziel war es, die Arbeit, die andere in acht Stunden erledigten, in der Hälfte der Zeit zu schaffen. Die übliche Akkordarbeit reichte ihr nicht, es musste Doppelakkord sein. Sie hat oft erzählt, dass sich ihre Hände am Abend wie taub anfühlten, so dass sie den Löffel nicht mehr zum Mund führen konnte. Doch sie war stolz auf ihr erstes selbstverdientes Geld: 450 Mark im Monat, das Doppelte von dem, was die meisten anderen Kolleginnen bekamen.

Als im Herbst die Blätter fielen, überkam sie aber eine seltsame Melancholie. Wie eine schwere, erdrückende Last lag die Pein auf ihrer Seele. Sie hatte Gewissensbisse, weil sie alleine in die Fremde gegangen war, und vermisste ihre Familie. Nachts konnte sie nicht schlafen, und wenn sie es tat, dann träumte sie schlecht und wachte schweißgebadet und von Zweifeln geplagt auf. Sie biss dennoch die Zähne zusammen, denn Aufgeben kam für sie nicht in Frage. Selbst dann nicht, als sie einen Brief meines Vaters erhielt, in dem er sie bat, endlich nach Hause zu kommen, er und die Kinder hätten Sehnsucht nach ihr.

Die monotone Arbeit und das Leben auf engem Raum zehrten an den Nerven der Frauen, und nicht selten explodierten Frust und aufgestaute Wut. Dafür reichten oft schon Kleinigkeiten, wenn etwa jemand die Lieblingstasse einer anderen benutzte oder die letzte Packung Nudeln aufgegessen hatte. Und manchmal kam es auch zu richtigen Balgereien: Frauen packten sich wie Furien an den Haaren, warfen einander zu Boden, schrien und schlugen aufeinander ein.

Es gab aber auch Gelegenheiten zur Zerstreuung. Jeden Samstagabend hielt ein Bus vor dem Wohnheim, der die Frauen in einen amerikanischen Club fuhr. Man weiß nicht, wer auf die Idee gekommen war, arme, vereinsamte Gastarbeiterinnen ebenso armen, vereinsamten US-Soldaten zu-

zuführen. Die nahe gelegene Kaserne, die Fabrik, das Wohnheim? Diese seltsame Art der Völkerverständigung fiel jedenfalls fast unter den Kuppeleiparagraphen, der noch Mitte der 60er existierte und die »Unzucht« unter Unverheirateten verhindern sollte.

Die Frauen im Wohnheim machten sich keine großen Gedanken über solche Reglementierungen. Fast schon mit kindlicher Freude putzten sie sich heraus, toupierten und sprayten sich die Haare zu Ballonfrisuren und freuten sich auf etwas Abwechslung. Und sie genossen es, frei zu sein, weit weg von der Kontrolle ihrer Familien.

Es war wohl eine Mischung aus Neugier und den Überredungskünsten der anderen, die meine Mutter eines Tages dazu brachte, sich den anderen Frauen anzuschließen. Nicht ohne Folgen, denn ein junger US-Soldat verliebte sich hoffnungslos in sie. Seine Bedingungslosigkeit, die Wärme seiner Worte, seine Verzweiflung rührten sie, denn noch nie hatte jemand so um sie geworben, so bitterlich geweint. Ihr Herz zog sich zusammen, doch es half nichts. Sie durfte sich ihren Gefühlen nicht hingeben – sie war eine verheiratete Frau.

»Geh doch noch mal mit«, bedrängten sie die Zimmernachbarinnen. »Immer nur Trübsal blasen bringt ja auch nichts. Geh weg, vergnüg dich!«

Sie blieb jedoch von nun an lieber im Wohnheim, alleine mit sich und ihrem Tagebuch.

Als sie fast ein Jahr lang in Deutschland gearbeitet und etwas Geld gespart hatte, beschloss sie, dass es nun an der Zeit sei, sich für all die Plackerei zu belohnen. Es sollte etwas Nützliches sein, etwas, das den technischen Fortschritt des Westens

am besten zur Geltung brachte: ein Fotoapparat, und zwar in der besten Qualität, die das Land zu bieten hatte.
In einem Fotogeschäft wurde sie fündig, nachdem man ihr die Vorzüge all der Apparate im Angebot aufgelistet hatte. Meine Mutter verstand zwar nicht viel von dem technischen Kauderwelsch, doch Maria, so hieß die Verkäuferin, riet ihr am Ende zu einer *Agfa Optima*. Für diese Kamera musste meine Mutter freilich ein Viertel ihres Monatsgehalts investieren. Sie war aber verrückt nach Fotos, genau wie die anderen Frauen im Wohnheim. Sie alle wollten ihren Familien in der Heimat zeigen, dass es ihnen gutging in diesem Paradies namens Deutschland, wenigstens auf den Fotos.
Marias Augen waren gletscherblau. Doch auch sie hatte die Angewohnheit, vor allem das zu bewundern, was sich außerhalb des eigenen Ichs befand, und so sagte sie zu meiner Mutter: »Du hast so schöne braune Augen, darf ich dich fotografieren?«
Natürlich durfte sie, und so entwickelte sich zwischen den beiden gleichaltrigen Frauen allmählich eine Freundschaft, die nicht nur darin bestand, dass man gegenseitig Bilder voneinander machte.
Eines Tages lud Maria meine Mutter zu ihren Eltern nach Hause zum Essen ein. Und da wurde alles aufgefahren, was das Land in puncto Schlemmen zu bieten hatte:
russische Eier und Fliegenpilztomaten, Schinkenröllchen und Schweinebraten mit dicker, brauner Sauce. Für meine Mutter gab es extra Kaninchen, denn Marias Eltern wussten, dass Türken kein Schweinefleisch aßen. Gekrönt wurde das Ganze von einer Erdbeerbowle und einem Käseigel.
Die Freundschaft zwischen Maria und meiner Mutter kam

damals einer Sensation gleich, denn keine von den Frauen im Wohnheim hatte außerhalb der Arbeit Kontakt zu Deutschen. Wie auch? Man hetzte von der Schicht ins Wohnheim und von dort wieder zurück in die Fabrik.
Und eigentlich hatte auch keine der Frauen vor, es sich hier gemütlich einzurichten mit Freunden und Bekannten. Denn nach dem einen Jahr wollten sie schließlich wieder in die Heimat zurückkehren.

Was sollen die Leute denken?

Meine Mutter verließ die kleine, ordentliche Stadt ungern, in der die Frauen mit Hingabe und größter Sorgfalt die Gehsteige kehrten, aber merkwürdigerweise ihre Achselhaare wachsen ließen. Sie hatte sich auch mit der Eiseskälte abgefunden und mit den dunklen, feuchten Wäldern, die eine unheimliche Aura verströmten. Kurz und gut: Sie trat die Heimreise an mit dem Plan, eines Tages nach Deutschland zurückzukehren.

Als sie schließlich wieder bei ihrer Familie in der Türkei angekommen war, freuten sich alle über das Wiedersehen, und auch über die Geschenke: deutsches Plastikspielzeug, Schokolade oder Büstenhalter und Mieder für die Schwestern – bequeme Ware, die nicht zwickte und zwackte – oder die seltsamen Strumpfhosen, die damals im Westen frisch auf dem Markt waren und die in der Türkei für belustigtes Staunen sorgten. Selbst von einfachen, bedruckten Plastiktüten, heute der Inbegriff der Umweltverschmutzung, war man angetan.

Meine Mutter erzählte tagelang von Deutschland, wo Maschinen den Menschen die Arbeit abnahmen, und wo jeder ein kleines Häuschen besaß oder einen Hund, der wie ein

Familienmitglied gehegt und gepflegt wurde. Und viele Leute hatten dort sogar ein Auto. All das, den Hund ausgenommen, könnten wir auch haben, schwärmte meine Mutter. Ihre Ausführungen klangen für die anderen aber erst einmal wenig überzeugend.

»Wo wollt ihr wohnen? Wo arbeiten?«, fragte Tante Sibel skeptisch. Sie war die Jüngste der insgesamt acht Geschwister, mit denen wir inklusive der Großeltern unter einem Dach wohnten. »Was wird ohne die Großfamilie aus den Kindern?«

Bisher hatten sich alle gemeinsam um uns gekümmert, waren Spielkamerad und Seelentröster zugleich gewesen, eine große verschworene Gemeinschaft, die es so natürlich nicht mehr geben würde, wenn Mutter ihr Vorhaben in die Tat umsetzen würde.

»Was sollen die Leute denken?«, fragte meine Oma. Für sie war es völlig unpassend und ganz und gar unwürdig, dass ihre behütete Tochter dauerhaft in der Fremde arbeitete. Wie konnten eine Frau aus einer angesehenen Familie und ihr Mann, ein Rektor, den alle schätzten und verehrten, nur auswandern?

Opa wollte wissen, warum es denn unbedingt Deutschland sein müsse, ein Land, das so weit weg war. Er spürte wohl, dass wir uns so schnell nicht wieder sehen würden.

Auch Vater trieb die Frage um, wie seine Zukunft in Deutschland aussehen würde. Im Grunde seines Herzens war er ein Abenteurer, er liebte die Abwechslung, und neuen Dingen gegenüber war er äußerst aufgeschlossen. Trotzdem war ihm doch ein wenig mulmig zumute.

Doch Mutter wischte alle Bedenken weg. »Nur ein Jahr,

dann sehen wir weiter, ob wir bleiben oder nicht. Und vielleicht studierst du sogar. Und spätestens in fünf Jahren sind wir wieder zurück.«
Vater war kein Macho, einer von der Sorte, der Druck machte und sich mit Gewalt durchsetzte. Am Ende hatte sie ihn zwar nicht überzeugt, aber überredet. Schon ein paar Wochen später reichte er bei der Schulbehörde seine Kündigung ein. Er konnte nicht ahnen, dass aus diesen fünf Jahren in der Fremde Jahrzehnte werden sollten.
Dabei hatten wir in der Türkei doch alles, was wir brauchten – so empfand ich es jedenfalls als Kind. Ich fühlte mich wohl und geborgen in der Großfamilie. Abends gingen wir in den Teegarten, die Erwachsenen tranken Tee, wir Kinder »*gazos*«, eine Art Sprite, und aßen Sesamkringel. Die Männer der Familie spielten Karten, die Frauen sangen um die Wette, und wir Kinder hörten nur einfach zu. Und manchmal, inspiriert von den in Diyarbakir stationierten amerikanischen Soldaten, wagten sich meine Eltern sogar aufs Tanzparkett oder vergnügten sich mit Vaters Kollegen bei einem Tanztee.
Gut, wir hatten keine vollautomatische Waschmaschine, aber wer hatte zu dieser Zeit schon eine? Eine Wäscherin kam und kämpfte sich einmal die Woche durch die Wäscheberge von insgesamt 14 Personen. Wir hatten auch kein Auto, aber auch damit waren wir im äußersten Südosten des Landes damals nicht allein.

Meine Geburtsstadt Diyarbakir ist bis heute kein klassisches Touristenziel. Sie hat moderne und auch ärmliche Ecken und platzt aus allen Nähten. Faszinierend ist aber ihre

5000 Jahre alte Geschichte. Die Stadt ist geprägt von diesem Völkergemisch, das Mesopotamien ausmacht.

Ich erinnere mich an die vier mächtigen Tore, durch die man die Stadt betritt. Sofort wurde man konfrontiert mit einem babylonischen Sprachengewirr auf den Straßen, den Märkten und den Farben und Gerüchen des Orients. An der Hand meiner Mutter konnte ich eintauchen in das Gassenlabyrinth und mich treiben lassen, über Basare schlendern oder durch alte Kirchen, die vielen Karawansereien und Brücken bewundern. Schon die Stadtmauer aus schwarzem Basalt hatte etwas Geheimnisvolles. Bei Mondlicht verwandelte sie sich in eine unwirkliche Kulisse. Damals wusste ich nicht viel über ihre Geschichte, weder dass sie als eine der am besten erhaltenen weltweit gilt noch dass sie fünfeinhalb Kilometer lang ist. Um 349 vor Christus ließ Kaiser Konstantin sie als Befestigung um die Altstadt bauen, mit Bastionen, Türmen und Toren. Von oben hat man einen freien Blick auf die Berge, die Diyarbakir umgeben, und auf den Tigris, der sich träge durch die Steppenlandschaft schlängelt.

Wie gesagt, erst viel später als Reporterin lernte ich meine Heimatstadt richtig kennen. Doch eins wusste ich schon damals: Die Stadt ist berühmt für ihre überdimensionalen Wassermelonen. Sie sind so groß, dass ein Kleinkind darin locker Platz hätte.

Und genau solche Exemplare brachte auch Großvater immer vom Markt mit. Wenn ich an ihn denke, dann sehe ich ihn im Flur stehen, neben ihm den Lastenträger, der keuchend und schwitzend seinen großen Korb mit unseren Einkäufen abgeschultert hat, während Großvater in seinen Hosentaschen nach Geld kramt, um ihn auszubezahlen.

Dann holt er sein kleines Notizheftchen hervor und notiert penibel seine Ausgaben in arabischer Schrift.

Als Kind hörte ich immer, dass Opa ein »*Aga*«, ein Großgrundbesitzer, sei und mehrere Dörfer besäße. Tatsächlich war er zur damaligen Zeit nur noch ein geschrumpfter Großgrundbesitzer. Denn von den ausgedehnten Ländereien, die er von seinem Vater, meinem Urgroßvater, geerbt hatte, war ein Teil hinter der syrischen Grenze geblieben, einen Teil hatte sein Stiefbruder verspielt, und einen weiteren hatte mein Opa unter Wert verkauft, um das Studium seiner Kinder zu finanzieren. Zwei Dörfer an der syrischen Grenze waren ihm am Ende geblieben – fruchtbares Land, auf dem heute noch Weizen, Baumwolle und Reis angebaut werden.

Heute kümmert sich Onkel Adnan um den Grundbesitz. Er ist eigentlich Maschinenbauingenieur, seinen ursprünglichen Job hat er aber aufgegeben und bewirtschaftet nun gemeinsam mit den Dorfvorstehern die im Familienbesitz verbliebenen Ländereien.

Großvater verbrachte die Hälfte des Monats in seinen Dörfern. Und immer, wenn der Weizen geerntet und die Baumwolle gepflückt war, kam er zurück in die Stadt. Wir Kinder konnten es dann kaum erwarten, bis er endlich alles ausgepackt hatte. Wir freuten uns vor allem über die Süßigkeiten – keine Schokolade oder irgendwelche klebrigen Bonbons: Die Leckereien aus dem Morgenland waren anders. Ich habe heute noch den süßlich-herben Geschmack von *Pestil* auf der Zunge, dünne, aus Traubensaft hergestellte Fladen, die wir mit Mandeln oder Pistazien füllten, um sie dann zusammengerollt wie eine Tortilla zu essen. Auch der zimtartige Duft von *Cevizli Sucuk* – auf Fäden gezogene Walnüsse, die in eine Masse aus dickem Traubensirup getaucht werden – hat sich in mein Geruchsgedächtnis eingebrannt, ebenso wie der von *Şekerli Leblebi* – mit Zuckerguss überzogene, geröstete Kichererbsen.

Am allermeisten zog mich aber die Schmuggelware in ihren Bann, die mein Opa von seinen Reisen mitbrachte. Das waren geheimnisvolle Dinge, die es damals überall in den Städten an der türkisch-syrischen Grenze zu kaufen gab: golddurchwirkte Stoffe mit großen roten Blumen, edle Wandteppiche, Ohrringe aus rubinähnlichen Steinen, perlenbesetzte Armbanduhren und eine Gesichtscreme mit dem Namen *Hazreti Jusuf Kremi* (»Heiliger-Jusuf-Creme«), benannt nach einem islamischen Propheten – Jusuf, dem Inbegriff menschlicher Schönheit. Die Creme hatte die Eigenschaft, die Haut hell und glänzend zu machen, jedenfalls behauptete das meine Oma. Nachdem sie die Masse aufgetragen hatte, die weiß war wie Zahnpasta und klebrig wie Kleister, musste ich mich jedes Mal mit ihr vor den großen Wandspiegel im Flur stellen.

»Wer von uns beiden hat jetzt eine hellere Haut?«, fragte sie dann, strich über ihre Haut und klimperte dabei mit ihren goldenen Armreifen.

»Du natürlich«, antwortete ich, um sie nicht zu kränken, denn sie liebte die vornehme Blässe edler Frauen, die es nicht nötig hatten, auf den Feldern zu schuften.

»Sag mal, woher hast du eigentlich das viele Gold?«, fragte ich sie einmal, denn ich fand, sie sah aus wie eine Schaufensterpuppe in einem Juwelierladen, die man über und über mit Geschmeide behängt hatte. An jedem ihrer Handgelenke bis hin zur Armbeuge glitzerten Dutzende goldener Armreifen

um die Wette, um ihren Hals hingen drei Ketten auf einmal, und an den Ohren baumelten schwere Ohrringe aus Edelsteinen.
»Meine Brautgabe«, meinte sie nur knapp und warf noch einen Blick in den Spiegel.
Mit 13 war sie meinem Opa versprochen worden, mit 15 hatte sie ihn geheiratet. In kurzer Folge hatte sie ihm acht Kinder geschenkt. Eines von ihnen, ihre Lieblingstochter, die ihr äußerlich sehr ähnelte, machte sich gerade auf, mit Schwiegersohn und Enkelkindern in ein fremdes Land zu ziehen.

Willkommen in Almanya

Der Portugiese Armando Rodrigues de Sa war der millionste Gastarbeiter, der seine Zelte in Deutschland aufschlug. Er wurde gebührend gefeiert, als er in Köln dem Zug entstieg. Eine Kapelle spielte portugiesische Weisen, und er bekam zur Begrüßung ein nagelneues Moped geschenkt. Als wir etwa zur selben Zeit, Ende 1964, in Baden Württemberg ankamen, dem Bundesland mit der Kehrwoche, gab es für uns nicht einmal eine Wohnung, von Begrüßungsgeschenken ganz zu schweigen.

Erst nach langem Suchen kamen wir in einer Obdachlosenunterkunft unter, in der wir gleich die Bekanntschaft mit unseren ersten deutschen Nachbarn machen durften: Pennern und Alkoholikern.

Unser neues Heim war nicht mehr als ein Bretterverschlag, durch den der kalte Wind hereinpfiff. Die Spalten zwischen den einzelnen Leisten stopften wir mit Zeitungspapier aus, damit wir es halbwegs warm hatten. Danach konnten wir es uns richtig gemütlich machen auf den Stockbetten mit ihren verfilzten Decken und den mit Stroh gefüllten Matratzen. Unsere Etagenwohnung in der Türkei war im Vergleich mit dieser Behausung ein Schloss gewesen.

Die erste Reaktion meines Vaters auf unser neues Heim war: »So bringt man bei uns nur Hunde unter!«
In der Türkei wohlgemerkt, in Deutschland aber hatten Hunde ein Luxusdasein. Aber das konnte mein Vater noch nicht wissen.
Gastfreundschaft geht vor, dachte meine Mutter, obwohl *sie* ja eigentlich Gast in diesem Land war. Dennoch war sie gerade dabei, uns hier ein neues Leben aufzubauen, deshalb überbrachte sie der Hausmeisterin als Gastgeschenk eine Flasche türkisches Eau de Toilette.
Als Dankeschön sperrten ihre fast erwachsenen Söhne uns Kinder am nächsten Tag bei gefühlten minus 25 Grad in einer Art Iglu ein, das sie aus Eisblöcken selbst gebaut hatten. Sicher nur ein Dummer-Jungen-Streich und auch nicht weiter schlimm, er härtete uns nur ab – die beste Grundlage für später.
Meine Mutter befreite uns aus unserem eisigen Gefängnis, bevor wir stocksteif gefroren waren. Sie war so wütend, dass sie sich wie eine Löwin auf die Übeltäter stürzte und sie mit allen Schimpfwörtern belegte, die ihr auf die Schnelle einfielen, und zwar auf Türkisch.
Doch abgesehen von diesen Startschwierigkeiten fassten wir in Deutschland schnell Fuß. Zu unserem Glück herrschte damals Arbeitskräftemangel, und so fand mein Vater rasch Arbeit in einer Maschinenfabrik. Auch meine Mutter hatte Glück, sie bekam eine Anstellung bei Bosch, wo sie in Schichtarbeit schwere Eisenplatten von A nach B schleppen musste. Eine Woche wurde von halb sechs bis 14 Uhr und die nächste von 14 Uhr bis ein Uhr nachts gearbeitet.
Es ging also bergauf, so glaubte zumindest meine Mutter,

und endlich wurde uns auch eine neue Wohnung zugewiesen, mit einem Gemeinschaftsgarten hinterm Haus. Innerhalb von nur wenigen Monaten hatten wir den sozialen Aufstieg geschafft: vom Obdachlosenasyl in eine Unterkunft für Aussiedler.
Der langgestreckte, eingeschossige Bau bestand aus mehreren Wohneinheiten, alle ausgestattet mit zwei Zimmern, einer Kochecke und keinem Bad. Eigentlich war dieses Haus nur eine Übergangslösung gewesen für all die, die nach Krieg und Vertreibung dort gestrandet waren. Manche aber hatten selbst nach so langer Zeit noch nicht den Absprung in bessere Verhältnisse geschafft.
Eine davon war unsere direkte Nachbarin Hermine. Eine quirlige Frau von Mitte dreißig, mit platinblonden Haaren, einer kleinen Nase und neugierigen, strahlend blauen Augen – eine Art Dorfschönheit von der Sorte, die Männer um den Verstand bringt. Sie kam, wie die meisten in dieser Siedlung, aus den früheren deutschen Ostgebieten, aus Oberschlesien, und hatte mindestens sieben Kinder von ebenso vielen Vätern. Nicht zu vergessen ihr kriegstraumatisierter Ehemann, der erheblich älter war als sie und den ganzen Tag damit verbrachte, Bier zu trinken. Dass sich die Familie mit ihrem Aussiedlerdasein bestens arrangiert hatte, sah man auch daran, dass sie sich gleich in drei nebeneinanderliegenden Einheiten breitgemacht hatte. In der ersten wohnten Hermine, ihr Mann und die drei kleinsten Kinder, in der zweiten waren die älteren Kinder untergebracht, und in der dritten Wohnung, für die sich bisher kein Mieter gefunden hatte, hatte Hermine ihren deutschen Schäferhund einquartiert.
Es tat uns leid, ihn vertreiben zu müssen, doch die Woh-

nungsbaugesellschaft hatte uns nun mal diese Hundehütte zugewiesen. Es half nichts, Arko musste leider raus, und wir durften rein.

Man braucht wohl nicht viel Phantasie, um sich vorzustellen, wie eine Wohnung aussieht, in der ein Tier jahrelang gehaust hat. Auch an dieses neue Heim mussten wir uns also erst einmal gewöhnen.

Mir fiel das besonders schwer. Obwohl ich damals erst acht Jahre alt war, war mir dieser unfassbare Abstieg nicht entgangen. »Ich will nach Hause«, protestierte ich. Doch es gab kein Zurück mehr, das spürte ich.

Also machten wir uns daran, unsere neue Bleibe von Fressnäpfen, Hundehaaren und anderen Hinterlassenschaften zu befreien, was viel Zeit in Anspruch nahm. Unterstützung erhielten wir dabei von Frau Hofer, die aus Siebenbürgen im heutigen Rumänien stammte. Ende der fünfziger Jahre hatte es sie auf die Schwäbische Alb verschlagen, in eine der anderen Aussiedlerunterkünfte, schräg gegenüber von unserer. Auch sie war eine Heimatvertriebene, die sich in Deutschland immer noch sehr fremd fühlte. In Siebenbürgen hatte sie einen stattlichen Bauernhof gehabt, doch dann war der Krieg gekommen, und sie hatte alles zurücklassen müssen.

Sie konnte sich gut in uns hineinversetzen, denn sie wusste, wie es ist, alle Brücken hinter sich abzubrechen. Und sie ahnte wohl auch, dass wir in der Türkei nicht in Höhlen gewohnt und sogar Strom und fließendes Wasser gehabt hatten, und so brachte sie uns Möbel vom Trödler: ein Sofa und ein paar Betten.

Wir waren froh um Frau Hofer, denn mit unserer anderen Nachbarin Hermine kam es schon recht bald zu ersten Missverständnissen. Im Frühjahr pflanzten wir nämlich in unserem Gemeinschaftsgarten Frühlingszwiebeln an, die Mutter von einer türkischen Kollegin bekommen hatte, weil sie frisches Grünzeug über alles liebte. Hermine, die ihrerseits eine passionierte Gärtnerin war, legte direkt daneben ein Erdbeerbeet an. Wir kamen aber alle nicht dazu, die Früchte unserer Arbeit zu ernten. Denn ich hatte aus Unkenntnis die schönen weißen Blüten von den Erdbeerpflanzen gepflückt, um für meine Mutter einen Blumenstrauß zu binden. Und Hermine hatte das Grünzeug von den türkischen Frühlingszwiebeln abgerissen, weil sie dachte, das sei nur Unkraut. In diesem Sommer gab es also weder Erdbeeren noch Frühlingszwiebeln.

Bis auf einige wenige Streitereien, die unter Nachbarn üblich sind, kamen wir aber eigentlich gut miteinander aus. Nur manchmal fühlte Hermine sich durch den Fernsehlärm gestört, der durch die dünne Holzwand, die die beiden Wohnungen trennte, zu ihr herüberdrang. Dann pflegte sie mit einem harten Gegenstand, vermutlich einem Besenstiel, gegen die Wand zu hämmern. Mutter hatte sich nach unserem Einzug sofort einen Fernseher gekauft, den sie in Raten abstotterte – der erste Fernseher überhaupt in dieser Siedlung, behauptete meine Mutter. Hermine jedenfalls besaß noch keinen.

Wie die meisten Kinder damals in Deutschland spielten auch wir häufig auf der Straße. Meist rotteten wir uns zu zehnt oder fünfzehnt zusammen, angeführt von einem der Älteren, der sich die Achtung von uns allen erworben hatte. Wir zogen oft gemeinsam durch das Viertel, auf der Suche nach kleinen

Abenteuern. Im Winter rodelten wir auf den vereisten Straßen, im Sommer oder Herbst streiften wir durch die Wälder, pflückten Brombeeren oder sammelten Pilze. Vor allem mit Martha, Hermines ältester Tochter, verbrachte ich viel Zeit, die ich nicht missen will. Vielleicht lag das daran, dass wir alle irgendwie entwurzelt waren – so etwas verbindet.
Doch die Kluft zwischen uns wurde mit den Jahren immer größer. Während Mutter ständig Überlegungen anstellte, wie wir die deutsche Sprache perfektionieren, wie wir uns fortbilden konnten, begnügte sich Hermine mit dem, was sie hatte. Ich bin mir nicht ganz sicher, aber besonders ehrgeizig erschien sie mir nicht. Und ich glaube, sie wunderte sich sogar über uns, als wir anfingen, alle möglichen Kurse zu besuchen, die das kleine Heidenheim zu bieten hatte, um etwa das Gitarrespielen, Schreibmaschine schreiben oder Stenographie zu erlernen. Alles Neue zog Mutter magisch an. Es genügte nur ein kurzes Gespräch, ein kleiner Hinweis, zum Beispiel dass jemand erwähnte, dass er einen Schwimm- oder Zeichenkurs besuchen würde, und schon war sie Feuer und Flamme. Dann klapperte sie sofort alle Volkshochschulen, Vereine und anderen Institutionen ab, um uns ebenfalls dort anzumelden.
Und auch die türkischen Kolleginnen meiner Mutter staunten nicht schlecht, als sie das hörten. Sie dachten, Mutter sei vollends größenwahnsinnig geworden. Viele empfanden ihren Ehrgeiz als völlig abgehoben, um nicht zu sagen als pure Angeberei. Ihre Skepsis war verständlich, vor allem nach der Geschichte mit meinem Ballettkurs.
Meine Mutter selbst war nie in einer Ballettvorführung gewesen, hatte weder *Schwanensee* noch den *Nussknacker* oder

Romeo und Julia gesehen. Ihre Vorliebe fürs Ballett reichte wohl zurück auf die westlich geprägten Lifestyle-Magazine, die sie früher in der Türkei immer gelesen hatte und die ihr suggerierten, dass alles, was aus Amerika oder Europa kam, erstrebenswert sei. Vielleicht war da auch mal eine Tänzerin abgebildet gewesen, die sie beeindruckt hatte, ich weiß es nicht. Auf jeden Fall fasste sie den Entschluss, mich in einer Ballettschule anzumelden.

Ich war vielleicht elf Jahre alt und ein wenig irritiert, als meine Mutter mir eröffnete, wir würden jetzt ein Studio aufsuchen, dessen Adresse sie durch Herumfragen herausbekommen hatte.

Der Weg von unserer Aussiedlerwohnung führte uns direkt in eines der besseren Viertel des Städtchens, wo sich das Studio befand. Die Lehrerin, etwas älter, aber sehr grazil und mit langen Haaren, die sie zu einem strengen Knoten zusammengebunden hatte, beeindruckte meine Mutter sofort. Vor allem, als sie hörte, was diese Lehrerin den Kindern zurief, die vor riesigen Spiegeln an einer Stange die ersten Positionen einstudierten: »Retiré, croisé, plié.«

Ihr Französisch klang wie Musik in Mutters Ohren. Natürlich könne sie mich hier anmelden, sagte die Ballettmeisterin, ohne jegliche Herablassung, nur müsse man mir ein Tutu und Spitzenschuhe kaufen. Ach ja, außerdem wäre da noch die Gebühr von 200 Mark im Monat, die wir bezahlen müssten.

Meine Mutter wurde etwas blass, war aber dennoch einverstanden. Es kann aber auch sein, dass sie versuchte, die Summe herunterzuhandeln. Das ist sogar wahrscheinlich – Mutter feilschte immer. Dass ich nach einem halben Jahr meine

Ballettkarriere beenden musste, weil uns dieser Ausflug ins klassische Fach dann doch zu teuer wurde, machte mir nichts aus. Ich hatte ohnehin keinen Spaß daran gehabt.
Die Kolleginnen meiner Mutter jedenfalls fühlten sich bestätigt. Welches Gastarbeiterkind ging schließlich zum Ballett, und welchen Nutzen hatte das überhaupt? Man war doch nicht nach Deutschland gekommen, um sich der schönen Künste hinzugeben. In ihren Augen war es von vornherein eine Schnapsidee gewesen, die Tochter dort anzumelden.
Mutter jedoch zeigte sich davon keineswegs beeindruckt. Ganz im Gegenteil, sie war sehr begierig, auch ihre eigenen Talente auszutesten. So verging kein Tag, ohne dass sie eine Idee hatte. Die meisten ihrer Aktivitäten verliefen ohne bemerkenswerte Vorkommnisse, andere aber, wie zum Beispiel ihr Bemühen, am Abendgymnasium einen Abschluss zu machen, endeten mit einem herben Dämpfer. Sie hatte sich wieder einmal überschätzt und übersehen, dass ihr die fachlichen Voraussetzungen fehlten, und auch der Hinweis eines Lehrers, ihr Deutsch sei noch nicht ausreichend, überraschte nicht gerade.
Das Abendgymnasium war eine Nummer zu groß für sie, also versuchte sie es mit einem Englischkurs. Auch hier war sie wie immer die einzige Migrantin, die sich so etwas zumuten wollte. Der Lehrer merkte schnell, dass sie noch große sprachliche Lücken hatte, und fragte, warum sie denn partout Englisch lernen wolle, sie könne doch noch nicht einmal richtig Deutsch. Worauf einer der Teilnehmer süffisant bemerkte, sie könne ja hier beide Sprachen auf einmal lernen. Von diesen Rückschlägen ließ sich Mutter aber nicht be-

irren. Diese unerschrockene Unbekümmertheit war typisch für sie. Sie versuchte, tapfer mitzuhalten, was ihr sogar eine Weile gelang. Heute spricht sie immerhin ein wenig Englisch und ist sehr stolz darauf.
Ihrer Hartnäckigkeit hat sie es auch zu verdanken, dass sie heute ein Diplom als Modeschneiderin und als Direktrice in der Tasche hat. Mode hatte ihr schon in der Türkei große Freude bereitet. Und in Deutschland nähte sie dieses oder jenes Kleidungsstück für sich, aber auch für mich. Ich erinnere mich an eine braune Jacke in Felloptik mit selbstgestrickten Ärmeln, was in den Siebzigern total im Trend war, die man mit Jeans und Clogs kombinierte. In nur einer Nacht hatte Mutter sie genäht, weil wir schon am nächsten Tag ins Schullandheim fuhren, wo ich meine neue Jacke meinen Freundinnen vorführen wollte. Ich war vielleicht fünfzehn Jahre alt, eitel und penibel, wie die meisten Mädchen in diesem Alter, aber an dieser Jacke hatte ich wirklich nichts auszusetzen. Sie war so professionell angefertigt, als wäre sie gekauft.
Mutter war kreativ und handwerklich äußerst geschickt, also absolvierte sie ein Praktikum in einer Firma für Abendmode, ging in die Berufsschule und machte ihren Abschluss, um dann später, ehrgeizig, wie sie war, ihre Ausbildung in einer Modeschule fortzusetzen.
Höhenangst kannte meine Mutter nicht. Schritt für Schritt kletterte sie auf der Leiter der selbstgesetzten Ziele hinauf. Und so war es schon bald wieder Zeit für einen Umzug und damit für den Abschied von Frau Hofer und Hermine.

In unserem neuen Domizil sollten wir Hermines lebenslustige Art schnell vermissen, denn unsere neuen Nachbarinnen

Frau Lucas und Frau Scheiter, zwei verbitterte alte Witwen, waren von einem anderen Kaliber, und das ließen sie uns regelmäßig spüren. Frau Lucas hatte graue Haare, die mich an luftige Gänsefedern erinnerten, so dünn, dass an einigen Stellen die Kopfhaut hindurchschimmerte. Genau wie Frau Scheiter, mit der sie Tür an Tür wohnte, hatte Frau Lucas stets eine verwaschene Kittelschürze an, und an den Füßen trugen sie bequeme orthopädische Sandalen. Sie machten insgesamt einen freudlosen Eindruck, als müssten sie das ganze Leid, das im Zweiten Weltkrieg über Deutschland hereingebrochen war, auf ihren Schultern tragen. Obwohl der Krieg nun schon über zwanzig Jahre vorbei war, hatten sich Frust und Einsamkeit in sie hineingefressen, zumal sie auch fast nie Besuch von ihren Kindern oder anderen Verwandten bekamen.

Fast täglich standen sie wie die Zeugen Jehovas vor unserer Tür, klingelten und hielten mit ihren altersfleckigen Mumienhänden ein göttliches Pamphlet in die Höhe: die Hausordnung. Meist ging es um die Kehrwoche, diese Institution, die sadistische Schwaben zur Schikane ihrer Mitmenschen eingeführt haben. Die Fensterscheiben hätten noch Schlieren oder das Putzwasser sei einfach in die Büsche gekippt worden, waren noch die harmlosesten Vorwürfe. Nicht, dass auch wir es nicht gerne sauber gehabt hätten, aber wenn etwas zum Zwang wird, dann verfallen Südländer schon aus Prinzip in aufmüpfige Lethargie. Außerdem, so die selbsternannten Aufseherinnen, hätten sich Nachbarn über nächtlichen Lärm und fremdländische Gerüche im Hausflur beschwert. Zeigte man sich nicht einsichtig, und es kam zum Streit, dann wurde auch schon mal mit der Polizei gedroht.

»Ich hol gleich die Polizei!« Das war damals der Klassiker der Drohungen.
In der Türkei, wo das Vertrauen in die Staatsmacht eher schwach ausgeprägt war, hätte dieser Satz nur allgemeine Heiterkeit ausgelöst.
Zum Glück waren wir nicht die einzigen unbeliebten Nachbarn. Obwohl sie Deutsche waren, hatten auch die Pfeifers, die unmittelbar neben uns wohnten, ähnliche Schwierigkeiten wie wir. Das lag wohl daran, dass Frau Pfeifer neben einem ehelichen auch noch ein uneheliches Kind hatte, das sie nach einer kurzen Affäre mit einem Italiener – für viele hießen sie damals despektierlich »Spaghettis« oder »Itaker« – mit in die Ehe gebracht hatte. Nicht nur, dass Patchworkfamilien damals nicht so hoch im Kurs standen, es war sogar eine Schande, ein uneheliches Kind, noch dazu von einem Ausländer, zu haben.
Vater, der es spaßig fand, deutschen Namen eine türkische Note zu geben, nannte Herrn Pfeifer immer aus irgendeinem Grund *»Fiskos«*. Er war Maler und irgendwie unglücklich und überfordert, denn er trank Unmengen Bier, wenn er von der Arbeit nach Hause kam. Oft hörten wir Schreie von nebenan, wenn er wieder einmal sturzbetrunken auf seine Frau und sein uneheliches Kind eindrosch.
Mutter unterhielt sich oft mit Frau Pfeifer, wenn sie ihr im Treppenhaus begegnete. Dann klagte sie Mutter ihr Leid und erzählte, wie unerträglich das Leben für sie sei. Manchmal stand ich dabei und hörte, wie Frau Pfeifer sagte: »Ich geh ins Wasser.«
Als Kind konnte ich mir darauf keinen rechten Reim machen, aber ich ahnte, als ich ihre bedrückte Stimme hörte,

dass mit ihrem Ausspruch nicht ein fröhlicher Ausflug an den See gemeint sein konnte.

Neben den ganzen anderen Plänen, die meine Mutter mit mir hatte, legte sie natürlich Wert auf gute Bildung. Meine Schulzeit war jedoch ein Kulturschock, und das gleich in doppelter Hinsicht. Erst hatte mich Mutter, ohne dass ich nur ein Wort Deutsch sprach, in der Volksschule angemeldet. Und dann musste ich feststellen, dass ich dort von Schwaben umzingelt war, die einen sonderbaren Dialekt sprachen, so zäh wie Maultaschenteig. Ich war das einzige ausländische Kind in der Klasse, und vielleicht war ich sogar das einzige ausländische Schulkind in der ganzen Stadt – so fühlte ich mich jedenfalls, einsam und unverstanden.
Während mein kleiner Bruder mit deutschen Kindern fröhlich im Sandkasten spielte, saß ich stumm wie ein Fisch in der Klasse und wagte es nicht, den Mund aufzumachen. Auch weil es zu Hause so häufig türkische Ravioli mit Joghurt-Knoblauchsauce gab. Knoblauchfahnen fürchteten die Deutschen mehr als Achselschweiß und ranzige Haare. Mittlerweile hat die Wertschätzung des Knoblauchs in Deutschland zum Glück fast orientalisches Niveau erreicht.
Ich hätte natürlich mehr Rücksicht nehmen müssen, aber überrascht war ich schon, als eine Mitschülerin die Nase zuhielt und schreiend davonlief, um der Lehrerin mitzuteilen, dass sie partout nicht mehr neben mir sitzen wolle. Dabei hatte mir Mutter schon Nelken zum Zerbeißen mitgegeben, damit ich die Luft nicht verpestete.
Ich war erleichtert, dass meine Mitschüler nicht zu drastischeren Mitteln griffen, so wie es Mutter in der Fabrik oft

erlebte. Ihre Arbeitskolleginnen kamen aus Griechenland, Italien und Spanien, entsprechend der kulinarischen Gepflogenheiten in diesen Ländern aßen daher auch sie gerne Knoblauch, vor allem am Wochenende. Am Montag dann, bei der Arbeit, so hat es meine Mutter erzählt, hatte sich eine schwere Dunstwolke über die Werkshalle gelegt, so dass es einem schwindlig werden konnte. Verständlich, dass der strenge Vorarbeiter die Südländer nicht nur verwarnte, sondern auch demonstrativ mit einem lauten »Hier stinkt's« alle Fenster in der Werkshalle aufriss.

Unser Leben in Deutschland und vor allem meine Schulzeit waren von vielen kleinen alltäglichen Peinlichkeiten begleitet, die ich bis heute nicht vergessen habe. Besonders eine Erinnerung hat sich in mein Gedächtnis eingebrannt.

Da Mutter immer arbeitete und wir in unserem neuen Viertel noch niemanden kannten, mit dem wir hätten spielen können, waren wir Kinder oft alleine. Eines Tages kletterte ich aus Langeweile eine Teppichstange hoch, rutschte herunter und donnerte mit dem Kopf gegen eine Mauer. Es tat höllisch weh, und wieder einmal war keiner von den Erwachsenen da. Also wartete ich mit der blutenden Wunde am Kopf, bis Mutter nach Hause kam. Stunden später war es endlich so weit, und sie brachte mich sofort ins Krankenhaus. Dort rasierte man mir die Haare über der blutenden Stelle kreisrund ab und nähte die klaffende Wunde zu. Kurz und gut: Es war kein schöner Anblick. Da ich mich, so verunstaltet, wie ich war, nicht schon wieder blamieren wollte, weigerte ich mich, am nächsten Tag in die Schule zu gehen. Meine Mitschüler, die mich sowieso misstrauisch beäugten, sollten mich auf keinen Fall in diesem jämmerlichen Zustand sehen.

Da kam meine Mutter auf die Idee mit der Mütze, die ich tragen sollte – ein altmodisches Strickteil aus der Türkei, vielleicht war sie auch gehäkelt.

»Warum nimmscht d'Mütz net ab?«, fragten mich meine Mitschüler neugierig, und ich zuckte die Achseln, als würde ich sie nicht verstehen. Im Grunde war mir die ganze Angelegenheit ziemlich peinlich, denn als Ausländerin fiel ich sowieso auf, und diese komische Kopfbedeckung war das Tüpfelchen auf dem i. Ich bin mir sicher, ein Kopftuch hätte nicht so viel Aufsehen erregt. Am liebsten hätte ich mich verkrochen.

»Wann kann ich denn endlich diese Mütze absetzen?«, fragte ich meine Mutter einige Wochen später.

»Nur noch eine Woche, dann ist die Wunde sicher verheilt. Sei froh, dass du die Mütze hattest. Ohne Kopfbedeckung wärst du noch mehr gehänselt worden«, meinte Mutter auf ihre nüchterne Art.

Man stelle sich vor: Ein Kind, das mitten im Sommer wochenlang über dem halb kahlrasierten Kopf eine gehäkelte Mütze trägt, penetranten Knoblauchgeruch verströmt und allen Fragen aus dem Weg geht – wäre ich so jemandem begegnet, hätte ich mich sicher auch pikiert abgewendet.

Irgendwann sollten aber bessere Zeiten kommen, zumindest für mich. Denn nach Monaten des Schweigens und des Zuhörens streckte ich eines Tages im Unterricht den Finger in die Höhe, öffnete den Mund, und es kam ein zaghaftes, schwäbisches »iii« heraus, was so viel bedeutete wie »ich«. Ein Wunder war geschehen! Von nun an ging mir das Schwäbische so geschmeidig über die Lippen, als hätte ich den Slogan »Wir können alles, außer Hochdeutsch« erfunden.

Später auf dem Gymnasium sollte ich sogar zu den beliebtesten Schülerinnen gehören, denn ich war Meisterin im Abschreiben von Hausaufgaben. Das lag daran, dass ich vom Religionsunterricht befreit worden war. Vater war nicht besonders gläubig und machte zwischen den Religionen keinen Unterschied, und den besonders Gläubigen gab er den Rat, die Religion als Privatsache zu behandeln. Sie hatte nach seinem laizistischen Verständnis im übrigen Leben nichts zu suchen.

Während also meine Klassenkameraden am Religionsunterricht teilnahmen, saß ich in dieser unverhofften Freistunde im Aufenthaltsraum und übertrug die Hausaufgaben des Klassenstrebers in zehn andere Hefte.

Um ein Teil des Ganzen zu werden, braucht man aber das Gefühl, willkommen zu sein. In den Jahren auf dem Gymnasium habe ich persönlich nie irgendwelche Anfeindungen zu spüren bekommen, nie ein böses Wort über meine Herkunft oder meine Religion gehört. Ich gehörte ohne Vorbehalte dazu, vor allem, als ich das Volleyballtrikot meiner neuen Heimatstadt trug und Mitglied jener Mannschaft war, die in der Bundesliga spielte. Das war der Beweis dafür, dass Integration durch Sport besonders gut gelingt.

Inzwischen konnte ich schon fließend Deutsch, dank der ehrgeizigen Zielvorgaben meiner Mutter. Sie ähnelten sozialistischen Fünfjahresplänen und waren das Hauptinstrument zur Steuerung der wirtschaftlichen und familiären Entwicklung. Eine ihrer drastischen Maßnahmen war es, uns Kindern unsere Muttersprache zu verbieten. Gehorsam, wie wir waren, hielten wir uns natürlich daran. Und schon bald beantworteten wir ihre türkischen Fragen nur noch auf Deutsch.

Mit den wenigen Türken, die damals in unserer Straße wohnten, hatten wir ohnehin kaum Kontakt. Mutter fürchtete, sie könnten mit ihrer allzu laschen Art ihr Aufstiegskonzept zu Fall bringen.
Die deutsche Sprache war also ihr Schlüssel zum Erfolg. Erst Jahrzehnte später sollte sich auch die deutsche Ausländerpolitik mit dem Zusammenhang zwischen Sprache und Integration beschäftigen, allerdings mit deutlich weniger Erfolg. Doch die guten Sprachkenntnisse hatten auch einen gravierenden Nachteil: Denn ab meinem zwölften Lebensjahr war ich nun zuständig für all die Probleme, von denen es immer reichlich gab in unserer Migrantenfamilie. Ich war alles in einem: oberste Schriftführerin, Sozialarbeiterin und Übersetzerin. Ich durfte Anträge stellen, Formulare ausfüllen, Lebensläufe schreiben, Mahn- oder Beschwerdeschreiben beantworten.
Von mir besonders gefürchtet waren die Behördengänge, zu denen ich von meinen Eltern häufig gezwungen wurde. Dann hetzten sie mich, nachdem sie mir ihre Argumente eingeimpft hatten, in irgendwelche Amtsstuben, während sie selbst draußen auf einer Parkbank warteten. Und wehe ich kam mit einer negativen Nachricht zurück, dann konnten sie sehr ungehalten werden.
»Hat es geklappt mit der Arbeitserlaubnis?«, überfielen sie mich, sobald ich das Gebäude verlassen hatte.
»Leider nein. Der Beamte sagt, die Arbeitserlaubnis kann nur dann verlängert werden, wenn eine Bescheinigung des Arbeitgebers oder ein Arbeitsvertrag vorliegt, so seien nun mal die Gesetze.«
»Das ist doch völliger Unsinn! Das hat er doch nur gesagt,

um dich abzuwimmeln. Ich könnte wetten, du hast ihm unsere Lage nicht dramatisch genug geschildert«, meinte meine Mutter.

Sie dachte, wenn man nur lang genug quengelte, würde der Beamte schon fünfe gerade sein lassen, allein schon, damit man mit dem Zetern aufhörte. So war es jedenfalls in der Türkei gewesen. Doch ein deutscher Beamter lässt sich nicht so schnell erweichen, er ist hart wie Kruppstahl und pocht auf die Gesetze. Da kann man sich noch so auf den Kopf stellen, es hilft nichts. Aber erkläre das mal zwei Türken!

»Du hast sicher auch vergessen zu sagen, dass wir die Bescheinigungen nachliefern können ...«, setzte meine Mutter nach, indem sie mich kritisch taxierte. »Das hast du dem Beamten doch gesagt, oder?«

So direkt sicher nicht. Ich war schließlich noch ein Kind, das in die Rolle eines Erwachsenen hineingedrängt wurde. Meine Worte klangen wohl irgendwie unsicher, weshalb Mutter nun darauf bestand, dass ich erneut vorsprach.

»Aber ich war doch schon zweimal dort«, protestierte ich.

»Dann gehst du eben ein drittes Mal«, meinten meine Eltern. Wenn einer diese schwierige Aufgabe bewältigen könne, dann nur ich mit meinen exzellenten Deutschkenntnissen. Nur ich sei in der Lage, die Familie vor der Ausweisung zu retten.

Langsam wirkte die Gehirnwäsche, also trottete ich ein weiteres Mal los, bereit für eine dritte Abfuhr, während meine Eltern erneut vor dem Eingang des Arbeitsamtes auf mich warteten.

»Ist jetzt alles klar?«, fragten sie euphorisch, als ich kurz darauf wieder aus dem Gebäude kam.

Leider musste ich sie erneut enttäuschen. »Nachliefern geht nicht. Der Beamte will die Bescheinigungen sofort«, sagte ich bedrückt und mit gesenktem Kopf.
»Was? So eine Unverschämtheit!«, keifte meine Mutter so laut, dass sich einige Passanten nach uns umdrehten. Und dann steckten Vater und Mutter die Köpfe zusammen. Worüber sie sich unterhielten, weiß ich nicht, vermutlich ging es darum, wie unfähig ich sei. Lautstark beratschlagten sie, was zu tun sei, und dabei gestikulierten sie wild. Am Ende zog Mutter einen Zettel aus der Handtasche und meinte: »Gib dem Beamten diese Telefonnummer. Er soll dort anrufen.«
»Was ist das denn für eine Telefonnummer?«, fragte ich misstrauisch.
Mutter verdrehte genervt die Augen, als wäre ich schwer von Begriff. »Von der Firma Bosch! Der Vorarbeiter wird bestätigen können, dass ich dort arbeite«, meinte sie etwas aufgekratzt, weil sie froh war, eine Lösung gefunden zu haben.
»Gehst du oder nicht?«, fragte Vater. Auch er dachte allen Ernstes, dass diese dahingekritzelte Telefonnummer die Wende bringen könnte.
Die Blamage vor Augen stampfte ich nun trotzig mit dem Fuß auf den Boden und verschränkte die Arme vor der Brust. »Ich will nicht. Geht doch selbst, wenn ihr alles besser wisst«, schrie ich fast. In diesem Moment hätte ich die beiden in die Luft jagen können.
Als sie sahen, dass sie mich nicht umstimmen konnten, schimpften sie zuerst auf den Beamten, der sich sklavisch an Gesetz und Ordnung hielt, und dann ließen sie ihre Wut an mir aus. Ich sei ja zu nichts zu gebrauchen. Wozu ich denn Deutsch gelernt hätte und warum sie mich in die Schule

geschickt hätten? Und das waren nur einige ihrer zahlreichen Beschimpfungen und Verwünschungen, die den ganzen Weg bis nach Hause andauerten.
Am Ende schafften sie es doch noch irgendwie, das Problem mit der Arbeitserlaubnis zu lösen. Und so konnte Mutter ihr Vorhaben vom sozialen Aufstieg in Deutschland weiterverfolgen.

Eine überaus wichtige Vorgabe von Mutters Fünfjahresplan war das Lesen. Unsere Begeisterung dafür weckte sie mit allerlei Büchern und Comics, die sie regelmäßig mitbrachte, wenn sie von der Arbeit nach Hause kam. Die Grundschuljahre verbrachten wir also mit Mickeymaus, Tick, Trick und Track, und mit den Abenteuern dieser Comicfiguren wuchs unser Wortschatz.
Meine Deutschlehrerin allerdings fand natürlich noch immer reichlich Haare in der Suppe. Einmal sagte meine Freundin Gabi zu mir: »Sag mal, du bist im Aufsatz viel besser als ich, und trotzdem bekommst du immer eine Vier und ich eine Zwei plus. Weißt du was? Lass uns doch beim nächsten Mal die Aufsätze tauschen, mal sehen, was passiert. Die Lehrerin hat doch nur Vorurteile.«
Auf diesen Gedanken war ich zwar selbst noch nicht gekommen, trotzdem schrieben wir unsere nächsten Aufsätze statt ins Heft auf ein Blatt Papier und vertauschten die Namen. Und wie sie es vorausgesagt hatte: Nun bekam sie die Vier und ich die Zwei plus.
Solche Benachteiligungen brachten meine Mutter regelmäßig auf die Palme. Sie war gefürchtet für ihre Auftritte im Direktorenzimmer, wenn es Zeugnisse gegeben hatte. Sie

trat sehr selbstbewusst auf und fragte in kaum verständlichem Deutsch, aber naiv und hartnäckig zugleich, warum ihre Tochter denn keine Belobigung bekommen habe. Ich würde schließlich zu den Klassenbesten gehören. Ob sie das beurteilen konnte, sei dahingestellt.

Der Direktor sah ein, dass man sich besser nicht mit ihr anlegte. Wer konnte schon wissen, wozu diese wütende, radebrechende Migrantin in der Lage war, so wie sie auftrat? Also versprach er, dieser »Ungerechtigkeit« nachzugehen, und vertröstete sie mit einer möglichen Belobigung für das nächste Schuljahr, wahrscheinlich nur, um sie loszuwerden.

Schon damals war für sie klar, ich sollte es einmal besser haben als sie. Dazu gehörten nun mal eine gute Ausbildung und ein Beruf, der besonders angesehen war. Pharmazie entsprach voll und ganz ihren Vorstellungen. Ein Beruf, bei dem man sich ihrer Meinung nach auch nicht überarbeiten musste. Nach dem Abschluss des Studiums genügte es, sein Bild mitsamt Diplom in der Apotheke aufzuhängen, ein paar Verkäufer einzustellen und am Monatsende vorbeizukommen, um das Geld einzusammeln – so hatte sie das aus der Türkei in Erinnerung, und genauso machte sie mir später das Studium schmackhaft.

Dass ich dann Politische Wissenschaften studierte, ihrer Meinung nach eine brotlose Kunst, das war ein schwerer Schlag für sie.

Mit Risiken und Nebenwirkungen

Mein etwas alltagsuntauglicher Vater wechselte mehrfach den Job, immer in der Hoffnung, die neue Arbeit würde ihm etwas leichter von der Hand gehen. Es kratzte sehr an seinem Ego, dass ihn in den Fabriken, in denen er arbeitete, Vorarbeiter oder Schichtleiter herumkommandierten. In der Türkei war er schließlich eine Autoritätsperson gewesen. Sein feinsinniger Intellekt, seine Kenntnisse in Geschichte, Politik und Philosophie waren da hoch geschätzt gewesen und jetzt nicht mehr gefragt.

In Deutschland war er plötzlich zu einem Niemand verkümmert. Und auch daheim fand er keine rechte Anerkennung, obwohl er sich redlich bemühte. Häufig zankten sich meine Eltern wegen Vaters mangelndem Einsatz bei der Lösung unserer Alltagsprobleme, wegen unserer Zukunft oder wegen des hart verdienten Geldes, das er wieder leichtfertig ausgegeben hatte. Tatsächlich kam er einmal mit einer kleinen Gondel nach Hause, ein besonders kitschiges Exemplar mit bunten, blinkenden Lämpchen, das ihm ein italienischer Kollege angedreht hatte. Angeblich handelte es sich dabei um ein besonders wertvolles – und wahrscheinlich besonders teures – Stück. Auf jeden Fall war es wohl das Letzte, was ein Gastarbeiter damals gebrauchen konnte.

Manchmal fragte ich mich, ob es für ihn nichts Schönes gab im Süperland Deutschland. Doch, beim Mandolinespielen fühlte er sich frei und unbeschwert. Und auch die Boxkämpfe im Fernsehen konnten ihn von seinen Nöten ablenken. Wenn ein Kampf übertragen wurde, stellte er wie viele andere den Wecker auf drei Uhr morgens und drückte Cassius Clay alias Mohammad Ali die Daumen.

Vaters letzter Job in Deutschland war in einer Baufirma, doch er endete tragisch und abrupt – und zwar im Krankenhaus. Fatalerweise hatte er unter einem Kran gestanden, als ein tonnenschwerer Eisenträger herunterfiel und ihn nur äußerst knapp verfehlte. Er hatte Glück im Unglück, allerdings wurde bei diesem Unfall sein kleiner Finger abgetrennt. Seine Kollegen brachten ihn ins Krankenhaus und von dort nach Hause.

Warum der abgetrennte Finger nicht angenäht worden sei, fragte seine Ehefrau mit tränenerstickter Stimme.

»Wir haben ihn nicht gefunden«, antworteten die Kollegen.

Als sie weg waren, seufzte mein Vater herzerweichend und fragte: »Warum hast du uns nur hierhergeholt?«

Mutters Antwort war simpel und klar: um ihren Traum von einem anderen Leben zu verwirklichen, und weil sie nicht zu den Frauen gehörte, die darauf warteten, dass der Mann die wichtigen Dinge im Leben entschied.

Sie hatte noch viele ehrgeizige Pläne mit Vater. Wenn er es schon nirgends aushielt, dann sollte er doch wenigstens umschulen, am besten noch einmal studieren.

»Wie stellst du dir das vor?«, fragte er perplex. »Mit 42?«

»Warum nicht!«, ermutigte sie ihn mit ihrer mitreißenden Art. Für Mutter war alles möglich, man musste es nur wollen.

»Und welches Fach wünscht die Gnädigste?«, fragte er sarkastisch.

»Wie wäre es mit Medizin?«, schlug sie vor. Mit etwas Geringerem hätte sie sich ohnehin nicht zufriedengegeben.

Beflügelt von ihrer neuen Idee, legte sie ein noch größeres Tempo an den Tag, und nun wurden auch die Zeiten zwischen den Schichten in der Fabrik mit Arbeit gefüllt. Nach der Morgenschicht ging es zum Putzen ins Rathaus oder ins Krankenhaus, samstags arbeitete sie als Änderungsschneiderin, und sonntags reinigte sie die Brennöfen in einer Brillenfabrik. Sie schien eine unbändige Energie zu haben.

Wir Kinder waren meist auf uns alleine gestellt. Da blieb es nicht aus, dass wir den einen oder anderen Unsinn anstellten. Meist fiel das nicht weiter auf, auch nicht, als mein Bruder einmal loszog, um sich ein Auto zu kaufen. Dass er erst 16 Jahre alt war und folglich keinen Führerschein besaß, spielte für ihn keine Rolle. Er zahlte dem Verkäufer 200 Mark, stieg ein und fuhr einfach los.

Nach einigen Tagen sprach Vater ihn darauf an: »Ich sehe dich immer mit einem alten Käfer herumfahren. Was ist das für ein Auto?«

Er sagte das sehr beherrscht und mit ruhiger Stimme, so als interessiere ihn mehr das Modell des Autos als die Tatsache, dass sein Sohn eine Gesetzwidrigkeit begangen hatte.

Nachdem ihm mein Bruder die Hintergründe erklärt hatte, setzte sich Vater ans Steuer, noch immer sehr ruhig und gefasst, und sie fuhren zu dem Schrotthändler, bei dem mein Bruder den Käfer erworben hatte.

Normalerweise wurde Vater selten laut, aber in dem Moment, als er vor dem Händler stand, polterte er drauflos und fragte ihn, wie er seinem Kind dieses Schrottauto hatte verkaufen können. Die Bremsen seien schließlich lebensgefährlich, die Kupplung ausgeleiert, ganz zu schweigen vom viel zu hohen Kaufpreis. Ob er seine Naivität habe ausnutzen wollen? Von kindlicher Naivität konnte bei meinem Bruder zwar keine Rede sein, aber Vater hatte den Händler so eingeschüchtert, dass er den Wagen wieder zurücknahm. Es war eine der seltenen Gelegenheiten, in denen er sich als starkes Familienoberhaupt beweisen konnte.

Wenige Zeit später fuhr mein Vater nach München, um im Goetheinstitut Deutsch zu lernen – denn das war die Voraussetzung, dass er studieren durfte. Was blieb ihm auch anderes übrig? Mutter zog ihn mit in diesen Strudel aus Ehrgeiz und übersteigerten Erwartungen. All seine Bemühungen, beruflich Fuß zu fassen, waren auf tragische Weise gescheitert. Und studieren war immerhin besser, als wieder in der Fabrik zu arbeiten.

Andere sind schon an leichteren Aufgaben gescheitert, und Vater war nun auch kein junger Mann mehr, als er anfing, Medizin zu studieren. Merkwürdigerweise war er diesem Abenteuer durchaus gewachsen, was uns wirklich verblüffte. Wahrscheinlich kam ihm sein früherer Beruf als Lehrer zugute. Von jeher war er es gewohnt, logisch zu denken und systematisch zu lernen, und jetzt endlich war sein Intellekt wieder gefragt. Trotzdem war es für uns alle eine Zeit des Bangens und Hoffens.

Ich weiß nicht genau, wie Vater sein Studium tatsächlich zu Ende gebracht hat, aber als er nach Jahren des Büffelns all seine Prüfungen bestanden hatte, schwebte Mutter wie auf Wolken. Und ich sah sie vor Freude weinen.

Wenig später sollte sie erneut weinen, diesmal jedoch vor Wut, weil ihre Träume wie eine Seifenblase zerplatzt waren. Denn nach so vielen Jahren des täglichen Überlebenskampfes und bevor es ihr überhaupt möglich gewesen war, die Früchte von Vaters neuem Beruf zu genießen, trennten sich meine Eltern. Zu oft hatten sie in der Fremde gestritten, zu viel sich gegenseitig verletzt.
Doch auch Vater hatte vorerst keine Gelegenheit, sich in Deutschland wie ein Gott in Weiß zu fühlen. Kaum war er nämlich Facharzt geworden, schon musste er das Land, das ihm viele bittere Jahre beschert hatte, verlassen, weil ihm die Behörden die Berufserlaubnis verwehrt hatten.
In Deutschland durfte er keine Deutschen behandeln, dafür aber später an der türkischen Riviera. Dorthin verschlug es ihn nämlich nach seiner Zwangsrückkehr in die Türkei.

Ein Paradies mit kleinen Schönheitsfehlern

Zu groß ist die Entfernung zwischen Istanbul und Alanya, um die Strecke per Bus zurückzulegen. Also nehme ich den Flieger nach Antalya. Von dort geht es mit dem Sammeltaxi weiter ins 130 Kilometer entfernte Alanya.

Ich komme spät am Abend an und bin positiv überrascht von der flirrenden Stimmung auf den Straßen: überall gebräunte, zufriedene Menschen in kurzen Hosen oder luftigen Trägerkleidchen, die auf der Strandpromenade defilieren oder in Cafés sitzen.

In der Nacht jedoch mache ich kein Auge zu wegen der dröhnenden Motoren, grölenden Touristen und irgendwelcher Folkloredarbietungen in den Hotels. Am Morgen aber, als Vater und ich mit dem Duft von Oleander in der Nase auf dem kleinen Balkon frühstücken mit Blick auf das glitzernde Meer, während ein herzerweichendes Lied aus dem Radio leise vor sich hin plätschert und sich die Palmblätter wie im Takt bewegen, da verstehe ich instinktiv, warum er sein jetziges Leben so schätzt.

Es war letztendlich ein Segen gewesen, dass ihn Deutschland nicht mehr haben wollte. Manche Menschen muss man vielleicht zu ihrem Glück zwingen, damit sie ein Leben in der Sonne des Mittelmeers führen können. Und gerade im Alter brauchen die morschen Knochen etwas Wärme.

In Alanya gibt es genug Arbeit für Vater, der mit seinen 76 Jahren immer noch nicht ans Aufhören denkt. Mit seinem Arztkoffer in der Hand ist er immer zur Stelle, wenn sich wieder mal Unheil im Urlaubsparadies anbahnt. Wenn etwa Touristen – nachdem sie jede Menge Bier geschluckt haben – mit der *Bild*-Zeitung in der Hand am Strand einnicken und einen Hitzschlag oder schwere Verbrennungen erleiden. Oder sich mit Magenkrämpfen in Hotelbetten wälzen nach dem großen Fressen an »All inclusive«-Büfetts. Und manchmal muss sogar der Notarztwagen kommen, weil jemand mit Herzrasen erschöpft zusammenbricht, nachdem er einen Ausflug in eine Teppichknüpferei oder zu echten Einheimischen unternommen hat, die den Touristen zeigen, wie sie ihr karges Leben meistern.

Für jemanden in seinem Alter ist Vater Gott sei Dank noch fit, vielleicht auch deshalb, weil er ein Gesundheitsfanatiker ist. Das fängt schon mit der Ernährung an. Das Frühstück ähnelt einer Mittelmeerdiät: Oliven, Tomaten, Gurken, Käse, Joghurt und Honig. Er esse grundsätzlich nur weißes Fleisch, nur Huhn und Fisch kämen ihm auf den Tisch, betont Vater, während wir Tee trinken. Er trinkt natürlich nur Kamillentee, den Funda, seine jetzige Frau, schon aufgebrüht hat. Sie ist klein und rundlich, der Typ Genussmensch, der seine Fettpölsterchen unter weiten Strickjacken versteckt. Bei den beiden herrscht eine klare Aufgabenteilung: Sie führt den Haushalt, er verdient das Geld, und beide sind zufrieden. Außerdem ist sie viel geschickter als Mutter, die Vater viele

Entscheidungen abgenommen und ihm immer das Gefühl gegeben hat, dass er nichts zu sagen hat.
Funda lässt ihn zumindest denken, er habe die Hosen an. Und sie kommen beide aus derselben Region – die perfekte Voraussetzung für einen misstrauischen Türken, der anderen Sitten und Gebräuchen gegenüber eher kritisch eingestellt ist.
Dass Vater auf seine Gesundheit und sein Aussehen achtet, liegt wohl auch daran, dass Funda um einiges jünger ist als er. Damit er seine drahtige Figur behält, verpasst er nie seine morgendlichen Power-Walking-Touren, und um seine gefärbten Haare zu kräftigen, benutzt er ein spezielles Shampoo. Seitdem habe er keinen Haarausfall mehr, behauptet er. Leider gibt es dieses Wundermittel nicht in der Türkei zu kaufen, so dass ich es ihm immer in Deutschland besorgen muss.
Einmal rief er mich an, um mir seine Bestellung durchzugeben.
»Ich brauche dringend wieder mein Brennnessel-Shampoo. Du weißt schon, das in der braunen Glasflasche. Das ich damals in Deutschland benutzt habe.«
»Das war doch vor über zwanzig Jahren«, stellte ich fest.
»Richtig, es hat sich aber bewährt. Ich brauche zehn oder zwanzig Flaschen. Gib sie am besten Ibrahim mit, er wohnt in deiner Nähe, am Rhein. Er fährt übermorgen nach Alanya und kann sie mir vorbeibringen.«
»Ich versuche es«, versprach ich, folgsam, wie ich war. »Hast du denn die Adresse von diesem Ibrahim?«
»Er soll, wie gesagt, direkt am Rhein wohnen, in der Nähe steht wohl ein großes, altes Haus, sagt mein Bekannter. Das

findest du doch, oder? Ach ja, er fährt einen großen Mercedes.«

»Einen Mercedes ... Das hat er wahrscheinlich mit Zehntausenden Türken am Rhein gemeinsam«, stellte ich fest. »Wie soll ich denn den Mann jemals ausfindig machen?« Deutsche würden eine exakte Wegbeschreibung abliefern, gegoogelt und mit Kilometerangaben, er aber verließ sich auf mein detektivisches Gespür.

»Das schaffst du schon. Du bist doch Journalistin«, meinte er, als gehöre das Aufspüren von Menschen zu meiner Hauptbeschäftigung.

»Dieser Ibrahim fährt also übermorgen in die Türkei. Wie soll ich so schnell ... Warum rufst du überhaupt so spät an?« Ich hasse diese türkischen Blitzaktionen, mit denen ich mich schon mein ganzes Leben lang herumschlagen musste.

»Jetzt fällt mir noch was ein ...«, setzte er an.

Ich horchte auf und schöpfte Hoffnung, die Suche könnte sich vielleicht doch etwas leichter gestalten.

»Ibrahims Bruder Fatih betreibt in derselben Straße ein Kebabhaus. Es dürfte also kein Problem sein, ihn zu finden. Nicht vergessen, Glasflaschen, zehn bis zwanzig Stück. Danke, meine Tochter.« Und schon hatte er aufgelegt.

Den Zeitdruck im Nacken machte ich mich sofort auf den Weg. Doch obwohl ich meinen Radius bald auf alle Geschäfte im gesamten Rhein-Main-Gebiet ausweitete und obwohl sich auch meine Kinder und Freunde an der Suche beteiligten, war dieses verflixte Shampoo nirgends aufzutreiben. Ich wollte schon aufgeben, da kam ich zufällig an einer heruntergekommenen Drogerie in einem bäuerlichen Vorort von Mainz vorbei. Ein missmutiger Verkäufer saß an der

Kasse, und ich fragte ihn nach diesem Brennnesselshampoo in der braunen Glasflasche.

»Bedaure, es wird nicht mehr hergestellt«, sagte der Mann und versetzte mir einen weiteren Dämpfer. Er könne aber mal im Lager nachschauen, ob er noch irgendwelche Restposten fände, fiel ihm dann ein, und er verschwand hinter einer Tür. Es dauerte lange, sehr lange, bis er sich wieder blicken ließ.

»Sie haben Glück. Das sind die Letzten, die ich habe …«
Meine Antwort darauf war ein spitzer Schrei, als wäre ich auf eine Goldader gestoßen. »Ganze drei Flaschen!« Fast wäre ich dem verdutzten Mann um den Hals gefallen.

Ich bezahlte und verließ schnell die Drogerie. Denn nur noch ein halber Tag war mir geblieben, um Ibrahim, dessen Bruder ein Kebabhaus besaß und der am Rhein, in der Nähe eines großen, alten Hauses wohnte, zu finden, bevor er mit seinem großen Mercedes in die Türkei fuhr. Es war wie bei einer Schnitzeljagd, nur dass ich am Ende keinen Schatz zu erwarten hatte, sondern, wenn alles klappte, einen unbekannten Mann namens Ibrahim.

Nachdem ich alle Kebab- und Dönerbuden in Mainz abgeklappert hatte, nahm ich mir nun auch Wiesbaden vor. Hoffentlich hatte sich Vater nicht mit dem Flussnamen geirrt, und sein Kurier wohnte tatsächlich am Rhein und nicht etwa am Main. Solche Verwechslungen unterliefen ihm ständig, entweder weil er nicht richtig zuhörte oder weil er dachte, es mache sowieso keinen Unterschied.

Ich ging irgendwann dazu über, türkische Passanten auf der Straße anzusprechen, die über ihre Landsleute meist sehr gut Bescheid wissen. Das war anfangs nicht unbedingt von Vorteil, denn eifrig, wie sie waren, schickten sie mich von Pontius zu Pilatus oder besser gesagt von Ali zu Ahmet. Aber irgendwann, man mag es kaum glauben, landete ich in Wiesbaden-Biebrich, das am Rhein liegt, und rieb mir die Augen vor so viel Glück, als ich die Aufschrift »Fatihs Kebabhaus« auf der Schaufensterscheibe las.

»Sie müssen Fatih sein«, begrüßte ich den Mann hinter der Theke. »Ich suche Ihren Bruder Ibrahim. Soviel ich weiß, wohnt er in derselben Straße wie Sie. Ich würde ihm gerne etwas aushändigen.« Ich sagte bewusst *»etwas«,* weil mir diese Brennnesselshampoo-Geschichte allmählich etwas lächerlich vorkam.

»Rechts, die Straße entlang«, meinte Fatih, etwas wortkarg, als sei mein Aufkreuzen hier das Normalste von der Welt. »Das dritte Haus, gleich neben dem Biebricher Schloss«, meinte er.

Typisch Vater! Er hätte mir auch gleich sagen können, dass mit dem großen, alten Haus ein Schloss gemeint war. Aber Präzision war nun mal nicht seine Stärke und auch nicht die seines Bekannten in Alanya, der ihn zu dieser Aktion ermuntert hatte.

Ibrahims Haus war schnell gefunden. Ich klingelte, und gleich darauf öffnete sich die Haustür. Vor mir stand eine Frau mit buntem Kopftuch, an ihrem Rockzipfel hingen drei kleine Kinder.

»Sie sind sicher Ibrahims Frau … Mein Vater hat mir erzählt, dass Ihr Mann heute in die Türkei reisen würde. Ich wollte ihm das hier mitgeben …«, sagte ich etwas angespannt und deutete auf die Tüte mit den Brennnesselshampoos. »Ist er denn da?«

»Leider nein«, sagte die Frau. Er mache noch ein paar Besorgungen, spätestens in zehn Minuten sei er aber wieder zurück. »Wollen Sie nicht reinkommen und warten?«
Auch das noch! Es waren die längsten zehn Minuten meines Lebens, die ich mit dem obligatorischen Teetrinken und irgendwelchen freundlich-banalen Gesprächen in einer fremden Wohnung verbrachte. Nach einer Stunde kam mein Kurier dann endlich. Ich überreichte ihm die Tüte mit den Shampoos und erklärte umständlich, wem er sie in Alanya aushändigen sollte. Während mir diese ganze Situation höchst unangenehm war, machte Ibrahim hingegen einen völlig gelösten Eindruck, und das, obwohl er noch eine Reise von rund 3500 Kilometern vor sich hatte.
An diesem Abend fiel meinem Mann nichts Besseres ein, als sich über mich lustig zu machen. »Das war ja wieder mal so eine türkische Chaos-Aktion«, meinte er spitz.
»Mir blieb doch nichts anderes übrig«, rechtfertigte ich mich. »Türkische Kinder tun eben alles für ihre Eltern.«
»Wir doch auch«, sagte er, »aber meine Eltern würden mir keine solchen Aufgaben aufs Auge drücken. Sie würden mich nie zum Brennnesselshampookaufen schicken.«
Da kam ich schon ins Grübeln. Anscheinend bin ich doch noch sehr türkisch, ohne es zu merken.

Aber auch wenn das Süperland Türkei noch so toll und die Heimatliebe der Türken noch so übertrieben ist, manche Sachen sind in Deutschland einfach besser, das muss man neidlos eingestehen. Dazu gehören deutsches Brot, die große Auswahl an Fleisch und Wurst und nicht zu vergessen Brennnesselshampoo.

»Wärst du nicht lieber in Deutschland geblieben?«, frage ich meinen Vater, als Funda den Frühstückstisch abräumt.
Er schüttelt energisch den Kopf.
»Aber was ist es, das dir hier gefällt?«
»Die Freiheit«, sagt er kurz und bündig.
Das ist ein so überhöhter Begriff, dass ich erst mal stutze. Dann musste ihm sein Leben in Deutschland ja wie Knechtschaft und Fremdbestimmung vorgekommen sein. Immer musste er die Zähne zusammenbeißen, durfte nie er selbst sein.
»Hier hat man mehr Lebensqualität«, fügt er noch hinzu. »Man ist zwangloser und entspannter und hat seine Freiräume.«
»Ja, ja, die vielbeschworenen Freiräume …«, meldet sich seine Frau zweifelnd zu Wort. Sie war noch nie im Ausland und betrachtet die Türkei aus einem ungeschönten Blickwinkel.
»Ein paar Regeln mehr könnten ja nicht schaden«, meint sie.
»Denk daran, dass du seit drei Monaten kein Gehalt mehr bekommst.«
»Stimmt das?«, frage ich überrascht. »Aber du gehst doch jeden Tag ins Krankenhaus.«
Vater druckst etwas herum. Ihm ist es peinlich, darüber zu sprechen, er befürchtet, ich würde ihm eine Standpauke halten.
»Die Klinik gibt dir kein Geld, und du tust nichts?«, frage ich tatsächlich.
»Was soll ich denn machen? Der Klinikchef hat sich finanziell übernommen und bittet alle seine Ärzte, ihn zu unterstützen. Es ist nur eine kleine Durststrecke«, sagt er. »Sollte er sich wieder erholen, dann bekommen wir natürlich unser Gehalt.«

»Finanziell übernommen? Dass ich nicht lache! Womit denn?«
Seine Frau lächelt vielsagend, will aber, wie es scheint, kein Öl ins Feuer gießen und lässt ihm den Vortritt.
»Er baut ein Hotel für Russen mit einer Kapazität von 1800 Betten, und dabei ist ihm das Geld ausgegangen. Ein Hotel mit Wellnessoase und gigantischen Wasserrutschen«, erzählt er dann fast schwärmerisch, als sei er sogar stolz, bei so jemandem arbeiten zu dürfen.
Noch so ein Betonkasten in Alanya! Ich bin empört und kann es einfach nicht begreifen, warum ein Klinikchef nicht einfach seinen Job macht und sich stattdessen als Baulöwe verzettelt.
»Du musst dein Gehalt schriftlich anmahnen, die Arbeit niederlegen und den ausstehenden Lohn beim Arbeitsgericht einklagen. In Deutschland …«
»Ja, in Deutschland … Dort könnte so was funktionieren«, meint Vater milde und abgeklärt. »Der Klinikchef hat mich damals eingestellt, jetzt kann ich ihn nicht einfach hängenlassen.«
Er hat wohl seine soziale Ader entdeckt, vielleicht aber will er auch einfach keinen Streit mehr, denn davon hatte er in Deutschland genug. Wenn hier aber jeder jeden ungestraft übers Ohr hauen kann, dann ist das Anarchie und hat nichts mit Vaters vielbeschworener Freiheit zu tun, denke ich. Vater bleibt aber dabei und schwärmt von dem unkomplizierten, warmherzigen Umgang der Menschen miteinander und ihrer ungezwungenen Art zu kommunizieren. Eine kleine Kostprobe von dieser ungezwungenen Art bekomme ich später, als ich mich mit Funda unterhalte.

Vorher aber verabschieden wir Vater, der heute die verantwortungsvolle Aufgabe hat, einen deutschen Herzinfarktpatienten mit dem Krankenwagen zum Flughafen zu begleiten. Der Rentner war am Strand mit schweren Brustschmerzen zusammengebrochen. Zum Glück konnte er reanimiert und im Krankenhaus so weit behandelt werden, dass er jetzt in seine Heimat zurückfliegen kann.

Als ich einen Blick aus dem Fenster werfe, sehe ich meinen 76-jährigen Vater mit schleppendem Gang zu dem Kranken in den Wagen steigen. Zum Flughafen Antalya sind es 130 Kilometer, und die Sonne brennt vom Himmel herab, die Hitze ist unerträglich. Hoffentlich überleben das die beiden Alten, überlege ich, während ich dem Krankenwagen lange hinterherschaue. Doch Vater ist nicht der Einzige, der in diesem Alter noch seinen Beruf ausübt. Die Renten in der Türkei sind nicht gerade üppig, und deshalb arbeitet man so lange, wie es geht.

Nachdem Vater weggefahren ist, ist Funda sehr darum bemüht, dass ich sie in guter Erinnerung behalte. Sie macht mir einen türkischen Kaffee, stellt Schälchen mit Obst auf den Tisch, betätigt zur Abkühlung den Ventilator und bewirtet mich von vorn bis hinten. Sie hat eigens einen Menüplan für die Zeit meiner Anwesenheit erstellt, damit ich ihre Kochkünste bewundern kann. Sie will Eindruck schinden, denn sie rechnet fest damit, dass sich Mutter, neugierig wie Türken nun mal sind, nach ihr, nach der Neuen an Vaters Seite, erkundigt.

Auf dem Herd dampft schon ein großer Topf, es gibt Huhn mit Fenchelgemüse, aber auch Lamm mit Okraschoten und viele kleine türkische *Meze* – köstliche Häppchen –, darunter gefüllte Weinblätter. Meine Lieblingsvorspeise, das hat ihr sicher mein Vater erzählt.

Sie gießt mir einen Aprikosensaft ein, lässt sich keuchend auf das Sofa plumpsen, und ich spüre instinktiv, dass sie nach einem geeigneten Plauderthema sucht.

»Schöne Kette, die du da hast. Was hat sie gekostet, war sie teuer?«, fragt sie dann unvermittelt. Diese Art der Kommunikation würden in Deutschland viele als zu forsch bezeichnen. Als ich vor kurzem einer deutschen Bekannten dieselbe Frage stellte, wurde das mit einem »Das fragt man doch nicht« quittiert, als hätte ich nach einer schlimmen Krankheit gefragt. So ein Fauxpas kann die Stimmung schnell zum Kippen bringen.

Türken aber lieben es, der Sache auf den Grund zu gehen. Sie haben eine direkte Art und denken sich nichts dabei. War das teuer? Wie teuer? Sehr teuer? Tatsächlich? Und warum hast du so viel bezahlt? Ich kenne einen Laden, da zahlst du höchstens die Hälfte. Stundenlang können sie sich darüber austauschen, was man wo viel günstiger bekommen kann. Für einen solchen Tipp gehen sie auch meilenweit, und sie freuen sich wie Kinder, wenn sie wieder ein Schnäppchen gemacht haben. Ich weiß, wovon ich rede.

Mitte der achtziger Jahre studierte ich in München Politik. Ich hatte meine Mutter zu mir geholt, weil ich das Gefühl hatte, dass sie nach ihrer Scheidung etwas einsam war. Denn auch mein Bruder war längst ausgezogen, um in einer anderen Stadt Medizin zu studieren, also teilten uns Mutter und ich in München eine Wohnung.

Eines Tages verkündete sie: »Ich habe gehört, bei ›Törödo‹ soll es die besten Pfirsiche in München geben, so groß wie

Honigmelonen, und billig obendrein. Lass uns hinfahren und ein paar Kilo kaufen.«

»Ist das der Name des türkischen Obst- und Gemüseladens?«, fragte ich verwundert, denn der Name trug zwar ein »ö«, aber er klang nicht wirklich türkisch.

»In welchem Stadtteil soll dieser ›Türke‹ denn sein?« Ich fragte nicht ohne Grund, denn ich war durch die vielen Erlebnisse mit meiner schrecklich netten türkischen Familie leidgeprüft. Doch auch Mutter war nicht zu einer genauen Wegbeschreibung in der Lage – damit haben es die Türken bekanntlich nicht.

»Törödo genügt doch, lass uns losfahren. Wir finden ihn schon«, trieb sie mich an.

Und tatsächlich ließ ich mich einwickeln, wohl ahnend, es würde im Chaos enden. Wir hatten schließlich überhaupt keinen Anhaltspunkt, beschlossen aber, dort die Suche zu beginnen, wo es die meisten türkischen Obst- und Gemüsehändler gab. Das war zur damaligen Zeit in den Straßen rund um den Münchner Hauptbahnhof.

Jedes Mal, wenn wir ein solches Geschäft sahen, hielten wir an und fragten nach diesem ominösen »Törödo«. Der gesuchte Händler war jedoch nie dabei. Natürlich hätte Mutter auch in jedem dieser anderen Geschäfte wunderschöne, besonders billige Pfirsiche kaufen können, aber sie bestand auf »Törödo«, von dem man ihr so vorgeschwärmt hatte.

Der entscheidende Hinweis kam schließlich von einem Deutschen, den wir auf der Straße ansprachen. Von »Törödo« hatte er noch nie etwas gehört, aber könnte nicht auch Trudering gemeint sein?, fragte er.

Und erst jetzt fiel der Groschen bei meiner Mutter. »Jaaa, genau, Türüdering«, triumphierte sie.

»Trudering, Mutter, Trudering«, korrigierte ich sie. »Das ist ein Münchner Stadtteil! Ich frage mich, wie du auf Törödo gekommen bist?«

Dabei konnte ich es mir eigentlich schon denken: Der Türke, der ihr den Tipp gegeben hatte, hatte es selbst wie Türüdering ausgesprochen. Und bis sie zu Hause war, hatte sich das Türü in ihrem Gedächtnis zu einem Törö verwandelt, und der Rest, dieses »dering«, war zu schwer, als dass man es sich merken konnte, so dass es zu »do« verkürzt wurde. Solche akustischen Verwechslungen kamen bei ihr immer wieder mal vor. Da ging es ihr wie vielen anderen Türken der ersten Generation, die gewisse Laute nicht aussprechen können und sie auch anders wahrnehmen.

»Und wegen dieses ›Törödo‹ fahren wir nun schon den ganzen Vormittag durch die Gegend«, rief ich wütend. »Ich weiß, es tut dir leid, aber wir fahren jetzt nach Hause. Schluss, ich habe keine Lust mehr.«

»Aber wir können doch nicht so kurz vor dem Ziel aufgeben, wo wir doch endlich den richtigen Namen haben. In diesem Stadtteil finden wir den Türken mit den billigen Pfirsichen ganz sicher«, meinte sie fast flehendlich.

Und wieder ließ ich mich einlullen. »Aber das ist das letzte Mal, dass ich ohne richtige Adresse spontan irgendwohin fahre.«

Jetzt hieß es, diesen unsäglichen Trip zu Ende zu bringen.

In Trudering »den Türken« zu finden war ein Klacks gegen die Odyssee, die wir hinter uns hatten, denn dort gab es nur einen einzigen türkischen Obst- und Gemüsehändler.

Wie man sieht, gehörte das Suchen und Finden schon immer zu meinen ständigen Beschäftigungen. Als Fährtenleser oder Detektiv hätte ich sicher eine blendende Karriere gemacht.

»Da ist ja dein ›Törödo‹«, rief ich erleichtert und kaufte ihr gleich drei Kilo von diesen angeblichen Schnäppchenpfirsichen.

Und jetzt kommt auch bei Funda diese Basarmentalität durch. Sie will wissen, was meine Kette wert ist.
»Zehn Euro«, antworte ich. Mit diesem Schnäppchen müsste sie doch eigentlich einverstanden sein, aber ich merke, wie sie enttäuscht die Unterlippe nach vorn schiebt.
»Ist die Kette nicht echt?«
»Das ist nur Modeschmuck«, kläre ich sie auf. »Siehst du, auch du bist darauf reingefallen.«
»Du bist doch Moderatorin im deutschen Fernsehen. Kannst du dir keinen echten Schmuck leisten?«, fragt sie ratlos, denn Moderatoren sind für sie wie Sterne am Firmament, also unerreichbar. Ihrer Meinung nach sollten sich diese Wesen nur mit edlem Geschmeide schmücken, um ihren Status zu betonen. Sie versteht die Welt nicht mehr. Ich scheine tatsächlich weniger Glanz und Glamour zu verströmen als die Stars, die sie sonst aus dem türkischen Fernsehen kennt. Hätte sie mich nicht schon im Fernsehen gesehen, sie würde jetzt ernsthaft darüber nachdenken, ob ich denn wirklich eine Moderatorin sei oder ob ich ihr nicht die ganze Zeit etwas vorgeflunkert hätte.
Die Situation beschäftigt sie dermaßen, dass sie auf einmal fragt, wie viel ich denn verdienen würde. Sie denkt, ich sei

ein armer Schlucker, warum sonst sollte ich nur Modeschmuck tragen?

Die unangenehme Frage nach meinem Gehalt muss ich zum Glück nicht mehr beantworten, denn zu meiner Rettung kocht in der Küche der Lammeintopf über, und sie springt plötzlich auf.

Als sie zurückkommt, kann sie sich offenbar nicht mehr an ihre Indiskretion erinnern und meint stattdessen, sie habe doch tatsächlich vergessen, Tomaten für den Salat zu kaufen.

Ich biete ihr sofort an, schnell welche zu besorgen, damit sie mich nicht weiter traktiert.

»Geh aber zu Migros, gleich um die Ecke. Da werden sie um diese Zeit frisch geliefert«, sagt sie und drückt mir fünf türkische Lira in die Hand. »Bring gleich zwei Kilo mit, und beeil dich, bevor die besten weg sind.«

Ob arm oder reich, ohne Tomaten kommt kein türkischer Haushalt aus, sie sind unverzichtbar. Ich will nicht übertreiben, aber jeder Türke verspeist bestimmt täglich eine Kiste davon. Und auch ich bin ein großer Fan von türkischen Tomaten – fast schon ein Tomaten-Hooligan.

»Ja, ich weiß«, sagt mein Mann, wenn ich wieder ins Schwärmen gerate, »türkische Tomaten sind überhaupt die besten der Welt.«

Ich möchte ja nicht patriotisch klingen, aber bei türkischen Tomaten mache ich eine Ausnahme. Ich frage mich oft, wie die Türkei es schafft, solch fruchtige, saftige und aromatische Exemplare hervorzubringen. Was ist das Geheimnis?

Die Tomaten, die man in Deutschland bekommt, sind meistens diese geklonten Dinger mit Lederhaut und wässrigem

Innenleben. Überzüchtete Exemplare, die nicht auf Muttererde wachsen, sondern auf irgendwelchen Wollmatten, und die nichts gemein haben mit den knallroten, sonnengereiften Früchten in der Türkei. Wenn man mich also fragt, was ich an meiner Heimat am meisten schätze, dann ist meine Antwort eindeutig: Es ist die türkische Tomate mit ihrer gleichbleibend hohen Qualität, die sie sich über Jahrzehnte, was sage ich, über Jahrhunderte bewahrt hat. Nein, ich lasse nichts kommen auf meine türkische Tomate, denn in Deutschland bin ich oft enttäuscht worden.

Ich erreiche den Supermarkt, als gerade eine neue Ladung Tomaten herangekarrt wird. Weil ich aber abgedrängt werde, schaffe ich es nicht, rechtzeitig an die großen Kisten heranzukommen, bevor Dutzende Hausfrauen wie Hyänen über sie herfallen, um sich die größten und schönsten herauszupicken. Die Szene erinnert mich ein wenig an die Wühltische beim Winter- oder Sommerschlussverkauf, nur handelt es sich hierbei um Gemüse und nicht um irgendwelche T-Shirts oder Socken. Außerdem ist das völlig unhygienisch, dieses Grabschen, Drücken und Quetschen.

Dieses barbarische Verhalten, wie hier mit Tomaten umgegangen wird, geht mir jedenfalls total gegen den Strich. Ich überlege, ob ich das nicht einem der Supermarktangestellten sage, lasse es dann aber lieber sein. Das könnte als deutsche Besserwisserei aufgefasst werden.

Schließlich gelingt es mir doch noch, mich bis ganz nach vorne durchzudrängeln und mir ein paar saftige Tomaten zu sichern. Zufrieden mit dem Ergebnis trete ich schließlich den Heimweg an.

Am Abend gehe ich mit Vater in »Dieters Bierkneipe«. Nicht weil Vater Sehnsucht nach deutschem Ambiente hat, sondern weil er wieder mal ein gutes, deutsches Bier trinken will.

»Paulaner, Bitburger, Warsteiner. Deutsches Reinheitsgebot«, meint er süffisant und etwas zu laut, als wir eintreten. Die Kneipenbesucher drehen sich schon nach uns um: Frauen mit grauen, dauergewellten Haaren, Männer in Shorts und Sandalen mit weißen Frotteesocken. Mit Türken hat hier wohl niemand gerechnet.

Die Kneipe, die nur zwei Blocks von Vaters Wohnung entfernt ist, ist ein Ort wie aus einer fremden Galaxie. Die Wände vertäfelt mit dunklem Eichenholz, geschmückt mit Wimpeln von Kegel- und Segelclubs, der Feuerwehr und dem Kleintierzüchterverein. Dicke Vorhänge verleihen dem Raum einen rustikalen Charme. In der Mitte thront ein runder schwerer Tisch, darauf ein großer gusseiserner Aschenbecher mit der Inschrift »Stammtisch«. Am Tresen wird frisch gezapftes Bier ausgeschenkt, gegenüber steht eine Music-Box, die deutsche Hits spielt.

Wir nehmen Platz auf Hockern, auf denen weiß-blaue Kissen liegen. Der deutsche Kellner kommt und nimmt unsere Bestellung mit einem zackigen »Zwei Warsteiner, jawoll« entgegen.

Vater schaut sich um und fragt: »Wusstest du, dass in Alanya mehr als 10 000 Deutsche leben?«

»Ja, ich weiß. Die meisten von ihnen Rentner, die hier ihren Lebensabend verbringen.«

»Dieters Bierkneipe, Jürgens Schnitzelparadies oder Monis Backstube. Sie haben hier ihren eigenen Mikrokosmos, wollen also auch in der Fremde nicht auf das Altgewohnte verzichten«, ergänzt er.

»Klare Ansätze zu Parallelgesellschaften«, sage ich beiläufig, während ich mein Glas erhebe. »Gibt es auch Beispiele gelungener Integration unter den Deutschen?«

Vater kann sich ein Lächeln nicht verkneifen, denn auch er verfolgt die Integrationsdebatte in Deutschland und kennt alle Schlagworte.

»Es ist wohl genau umgekehrt. Die Türken in Alanya passen sich den Deutschen, die hier leben, an«, sagt Vater, der in den letzten zwanzig Jahren seinen Humor allmählich zurückgewonnen hat. »Deshalb wurden ja die Straßen begradigt und die Bordsteine tiefer gelegt. Und streunende Hunde dürfen nicht mehr erschossen werden. Wunder dich also nicht, wenn die Deutschen hier irgendwann sogar die Mülltrennung einführen oder das Dosenpfand.«

»Es gibt Schlimmeres«, antworte ich, als mit einem Mal volkstümliche Weisen den Raum erfüllen und die musikalische Frage aufgeworfen wird, ob denn der alte Holzmichel noch lebe? Und alle Kneipengäste, außer uns, mit einem »Jaaa, er lebt noch« antworten. Am Nebentisch hakt man sich unter, schunkelt, bis erneut ein »Jaa, er lebt noch« ertönt.

Wie es scheint, haben die hier nichts von der hiesigen Leitkultur gehört. Spätestens, wenn sie anfangen, ihre Bräute aus Deutschland zu importieren, wird es kritisch.

Der nächste Tag ist Strandtag. Vater trägt weiße Shorts und ein gestreiftes Polohemd, dazu Flip-Flops, die in der Türkei *Tokyos* heißen. Funda hat sich einen Sonnenhut aus Frottee aufgesetzt und kaschiert ihre Rundungen mit einem zeltartigen, aber kurzen Kleid. An ihrem Arm baumelt eine große Tasche aus demselben Froteestoff.

Auf der von Palmen umsäumten Promenade lässt es sich gut bummeln, nur bleiben Vater und Funda zu oft stehen, um sich in den Souvenir- und Textilgeschäften umzusehen, die vor vermeintlichen Designerwaren zu Spottpreisen überquellen: Taschen, Gürtel, Uhren und Jeans, auf denen die glitzernden Insignien von Modelabels wie Versace, Dior und Armani prangen. Dabei wollen sie gar nichts kaufen, sie wollen nur gucken und die Preise vergleichen. Da ich diesem Hobby rein gar nichts abgewinnen kann und auch keine Lust habe auf Sprüche wie »Hallo, mache gut Preis«, laufe ich einfach zügig weiter. Hin und wieder schaue ich nach, ob sie kommen, drehe wieder um, laufe ihnen entgegen, zweimal, dreimal, aber dann fangen sie wieder an, ziellos umherzustreifen. Als sie endlich zu mir vorgestoßen sind, sagt Vater: »Du läufst ja so schnell wie die Deutschen! Immer ein Ziel im Auge, immer schnell, schnell, als hätte man einen wichtigen Termin.«

Ertappt! Das war mir gar nicht aufgefallen.

»Kein Wunder, dass bei euch viele ein Stressproblem haben«, meint er und hält mir noch einen kurzen Vortrag über die Folgen von Stress, beginnend mit Schlafproblemen, erhöhtem Blutdruck bis hin zum Burn-out-Syndrom.

»Gut, ich versuche mal, einen Gang runterzuschalten«, verspreche ich. »Ich weiß aber nicht, ob es klappt.«

Jetzt setze ich wie in Zeitlupe einen Fuß nach dem anderen auf, und Vater grinst. »So ist es richtig. Jetzt hast du es drauf.«

Der Strand ist eigentlich nur fünf Minuten vom Haus entfernt, aber durch diese Verzögerung haben wir länger als nötig gebraucht. Vater organisiert drei Liegestühle, spannt die Sonnenschirme auf und streckt sich auf der Liege aus, um Zeitung zu lesen. Doch schon zwanzig Minuten später wird er unruhig. Die UV-Strahlen seien nicht gut, er murmelt etwas von Hautkrebs. Er wolle lieber in den Schatten gehen, an der Tropfsteinhöhle da drüben würde er auf uns warten.

»Wir kommen gleich nach«, sagt seine Frau und erklärt, dass Vater nun mal nicht der Typ sei, der sich die Sonne auf den Pelz brennen ließe.

»Seit er in Alanya wohnt, war er vielleicht nur fünfmal am Strand, und das Baden im Meer hat er auch eher gemieden. Aber weil du da bist, wollte er mal eine Ausnahme machen. Er denkt, du hättest Sonne, Sand und Meer vermisst.«

»Es ist aber auch verdammt heiß hier«, bemerke ich. Am liebsten würde ich mich zur Abkühlung in die Fluten stürzen. Da Funda aber keine Anstalten macht, ins Wasser zu gehen, vermutlich schämt sie sich für ihre Figur und will sich keine Blöße geben, bleibe ich auch liegen. Außerdem meine ich sogar, ein paar vorbeischwimmende Plastiktüten gesichtet zu haben. Ich will nicht riskieren, dass mir beim Schwimmen Müll im Gesicht hängenbleibt. Nein, das Meer macht an dieser Stelle keinen besonders einladenden Eindruck, also mache ich gemeinsam mit Funda Menschenwatching – das ist neben dem Fernsehschauen die zweitliebste Beschäftigung der Türken.

Einer der Badegäste, höchstwahrscheinlich ein Türke, er könnte aber auch Spanier, Italiener oder Grieche sein, überlegt schon seit geraumer Zeit, ob er nun ins Wasser gehen soll oder nicht. Er schreitet unschlüssig am Strand auf und ab, wartet und guckt sich um. Das hat nichts vom eisernen Willen, von der wilden Entschlossenheit der Deutschen, zu deren täglichem Ertüchtigungsprogramm mindestens dreißig Minuten Kraulen gehört, um dem Körper sportlich alles abzuverlangen. Dieses Weichei ruht sich erst mal aus und denkt nach – worüber auch immer. Das Wasser hat eine Temperatur von knapp 28 Grad, dass er sich verkühlt, ist also eher auszuschließen. Was gibt es da noch zu überlegen? Jetzt setzt er sich noch in den Sand, streckt die Füße weit von sich und lässt die Zehen von den Wellen umspülen. Und plötzlich scheint der Gedanke in ihm gereift zu sein, dass er es vielleicht doch wagen könnte. Er steht auf, läuft sehr konzentriert und langsamen Schrittes ins Wasser, wobei er das Gesicht verzerrt, dann macht er irgendwelche Wasserübungen, die dem Wassertreten nach Kneipp ähneln, und schon ist er wieder draußen. Nach dem Motto: Das muss für heute genügen.

»Hast du das auch gesehen?«, fragt Funda nach einer Weile, indem sie auf einen der Kioskangestellten zeigt, der Snacks und Getränke serviert.

Sie macht mich auf einen jungen Mann mit schimmernd gegelten Haaren und einer protzigen Fake-Uhr am Handgelenk aufmerksam und kichert dann wie ein Kind. »Wie er die Blondine anmacht…«

»Ja, leider«, sage ich, während ich sein Opfer auf der Sonnenliege zwei Reihen vor uns betrachte. Es gehört wohl zu den Gesetzmäßigkeiten im Urlaub, dass junge Türken irgendwelche Touristinnen anbaggern.

»Für ihr Alter sieht sie noch recht passabel aus«, überlegt Funda.

»Wer weiß, welchen Unsinn er ihr gerade erzählt«, bemerke ich.

Meist klingen die Anmachsprüche so schal wie zwei Tage alte Cola. Zum ersten Mal hier? Alleine? Darf ich dir Alanya zeigen? Und die Blondine scheint sogar Gefallen daran zu haben. Wenn selbst die sonst emanzipierten Touristinnen darauf reinfallen, wirft das wohl ein eher zweifelhaftes Licht auf die weibliche Psyche.

Irgendwann haben wir aber genug von dem Süßholzraspeln der jungen Kerle am Strand und beschließen, Vater zu suchen. Wir finden ihn direkt am Eingang der Tropfsteinhöhle, die zu den Touristenattraktionen von Alanya gehört und dank der hohen Luftfeuchtigkeit im Innern ideal für Asthmatiker sein soll.

Vater unterhält sich ganz angeregt mit einem Mann mittleren Alters. Als er uns sieht, wird er ganz förmlich: »Das ist übrigens der Wächter der Tropfsteinhöhle. Und das ist meine Tochter. Sie lebt in Deutschland, arbeitet beim Fernsehen und ist Moderatorin.«

Er berichtet das mit stolzgeschwellter Brust, und ich lächle peinlich gerührt.

»Tatsächlich?« Der Mann ist sehr angetan, was er auch irgendwie bewundernd zum Ausdruck bringt, aber wie wir schnell merken, will er eigentlich sein Problem loswerden. Also warten wir etwas abseits, aber noch in Hörweite auf Vater, der wohl in dem Wächter einen Patienten gefunden hat.

»Also, wie gesagt, Herr Doktor ... Ich habe höllische Schmerzen beim Wasserlassen. Genau gesagt: Es brennt wie Feuer. Ich hab schon alles versucht, Hausmittel, Tees, warme Wickel, nichts hat geholfen.«

Anscheinend stört es ihn nicht mal, dass wir alles mithören können, als er sein Leiden in den schillerndsten Farben beschreibt.

Vater nickt vielsagend, fragt, wie oft er auf die Toilette müsse, welcher Art seine Ausscheidungen seien, ob er Krämpfe habe oder gar Fieber, tastet ab, drückt auf seiner unteren Bauchhälfte herum, und das direkt neben dem Eingang der Tropfsteinhöhle, inmitten der Touristen, die etwas belustigt zu ihnen rüberblicken. Man muss ja schon froh sein, dass Vater den Wächter nicht bittet, die Hose runterzulassen.

»Und? Ist es was Schlimmes, Doktor *bey?*«, fragt der Mann nach der Untersuchung.

»Sie werden es schon überleben«, meint Vater lächelnd und schreibt ihm den Namen eines Antibiotikums auf.

Das Gesicht des Mannes hellt sich sichtlich auf. Schließlich ist er um die kostspielige Untersuchung in einer Arztpraxis herumgekommen. Er bedankt sich, indem er Vater fast schon ehrerbietig die Hand reicht und sich wie ein Diener verneigt.

Wir beklagen uns über das deutsche Sozialsystem, aber in der Türkei hat das soziale Netz wirklich große Löcher. Und so hilft jeder jedem, so gut er kann. Und auch Vater hält sich an dieses Prinzip. Wenn ich mit Vater unterwegs bin, gibt es überall ein Schwätzchen, überall eine medizinische Beratung.

»Will Ihre Tochter mal die Tropfsteinhöhle besichtigen?«,

fragt der Wächter uns – das ist seine Art, sich erkenntlich zu zeigen. Er will uns schon am Kassenhäuschen vorbeiwinken, aber Vater ahnt wohl, dass ich in meinem Leben schon so manche Stalaktiten und Stalagmiten gesehen habe, und lehnt sein Angebot dankend ab.

Von Wunderheilern und Doktoren

Das Verhältnis zwischen Türken und Ärzten ist ein Kapitel für sich. Die einen lieben das Ärztehopping, weil sie einer einzelnen Diagnose nicht trauen, die anderen treibt ihr Aberglaube in die Hände von irgendwelchen Heiligen. Dagegen ist auch meine schrecklich nette Familie nicht gefeit, leider. Ich war vielleicht fünfzehn Jahre alt, als ich das mit Erschrecken feststellen musste.

Wie jedes Jahr in den Sommerferien besuchten wir unsere zahlreichen in der Türkei verstreuten Familienmitglieder, darunter auch meine Großeltern. Mein Opa, inzwischen fast achtzig, plagte sich schon seit Jahren mit seiner Kniearthrose herum. Er habe jeden Arzt in der Umgebung konsultiert, nichts unversucht gelassen, so wurde mir berichtet, aber niemand konnte ihm helfen.

Doch meine Tante Handan, die ebenfalls zu Besuch war und deren Faible für Übersinnliches sich damals schon abzeichnete, hatte von einem Heiligen in einem Mausoleum gehört, der angeblich jeden kurieren könne.

Wie jeder Verzweifelte, der in einer ausweglosen Situation nach jedem Strohhalm greift, horchte mein Opa auf. Da war er nicht anders als die Millionen Menschen, die im aufgeklärten Europa zu den Wallfahrtsorten Lourdes, Fatima oder Tschenstochau pilgern und sich davon eine Wunderheilung versprechen.

Ein Besuch in einem Mausoleum für Arthrosekranke, warum nicht?

»Der Schöpfer nimmt und gibt«, sagte er ehrfürchtig. Solange das Herz voller Liebe zu Gott sei, gäbe es nichts, was unmöglich sei. Außerdem waren auch ihm schon einige wundersame Dinge über dieses Mausoleum zu Ohren gekommen. Man erzählte von einem Mann, dessen schiefer Mund begradigt worden sei – nach einem Besuch in diesem Wallfahrtsort. Einen anderen habe man im Rollstuhl zur Wunderheilung gerollt, auf dem Rückweg sei der Mann plötzlich genesen und um einiges vitaler den Weg auf eigenen Beinen zurückgehopst.

Es gab Wallfahrtsorte für Gefäß-, Herz- oder Nierenleiden, wie in einer Klinik mit ihren vielen Stationen, die auf die unterschiedlichsten Krankheiten spezialisiert sind. Und dieser Wallfahrtsort versprach Arthrose- und Rheumakranken baldige Genesung. Zu verdanken war es freilich den übermenschlichen Kräften des in diesem Grab befindlichen Mannes. Er selbst hatte zu Lebzeiten unsägliches Leid zu ertragen gehabt und war dann zum Schutzpatron der Kranken geworden.

Tante Handan hatte sich den Weg dorthin genauestens erklären lassen und fragte mich, ob ich sie und Großvater begleiten wolle.

Draußen waren es 40 Grad im Schatten, und ich konnte mir eigentlich etwas Besseres vorstellen, als in dieser unmenschlichen Hitze über Stock und Stein zu laufen, um auf Wunder zu hoffen. Trotzdem war ich einverstanden, wahrscheinlich aus Abenteuerlust.

Der Bus, in dem wir eingepfercht mit anderen schwitzenden Menschen saßen, brachte uns nach ungefähr 70 Kilometern an den Ort aller Hoffnungen. Direkt vor einem Hügel stiegen wir aus. Wir hakten meinen Opa unter, bevor auf dem unebenen Boden seine Beine ganz versagten, und stolperten durch die karge Vegetation, einem steinigen Pfad folgend. Oben angekommen, bot sich mir ein eher ernüchterndes Bild: ein mit türkisfarbenen Tüchern bedecktes Grabmal in der Mitte eines Platzes, der mit Steinen abgegrenzt war. Überragt wurde es von einem knorrigen Feigenbaum, an dessen Ästen bunte Stofffetzen flatterten. Frauen, die sich Kinder wünschten, aber keine bekommen konnten, hatten sie an die Äste gebunden.

Während sich Opa auf einem Stein ausruhte, erklärte ihm Tante Handan die Prozedur, die eigentlich sehr übersichtlich erschien: Bis zu sieben Mal sollte mein Opa die Grabstätte umrunden, während sie den *Yasin-i Şerif,* einen Koranvers, aufsagte. Danach würde es ihm gleich viel besser gehen, versprach sie. Mein Opa machte sich sogleich an die Arbeit und begann mit seinen Umrundungen.

»Am besten ist die Wirkung, wenn du alle sieben Umrundungen schaffst«, feuerte ihn meine Tante an.

Zur Unterstützung fing sie an, aus dem Koran zu lesen. Ihre Stimme klang wie ein Mix aus Flehen und einschmeichelndem Lobgesang.

Die ersten Umrundungen schaffte mein Opa noch aufrecht gehend, wenn auch humpelnd. Bei der fünften und sechsten Runde ging er gebückt, sein rechtes Bein nachziehend.

Armer Opa, was er nicht alles durchmachen musste! Ich konnte mir das nicht mehr ansehen, sprang auf und wollte ihn stützen.
»Nein, bloß nicht«, rief meine Tante entsetzt.
So gebrechlich man auch war, fremde Hilfe war nicht erlaubt.
Bei der siebten Umrundung kroch mein Opa nur noch wie ein Baby auf Händen und Füßen. Als er spürte, dass ihn die letzten Kräfte verließen, war es dann so weit: Er bekam einen seiner gefürchteten cholerischen Anfälle. Zuerst beschimpfte er seine Tochter auf das übelste, die ihn hierhergeschleppt hatte, ohne nur die geringste Garantie, dass er genesen würde, dann war Allah an der Reihe. Von ihm hätte er sowieso keine Gnade zu erwarten. Zuerst hätte er ihn aus unerklärlichen Gründen mit diesen Beschwerden bestraft, und jetzt würde Allah wahrscheinlich kaltblütig von oben auf ihn herabblicken und sich an seinem Leid ergötzen, während er sich so abquälte. Ausgerechnet ihn musste der Allmächtige im Stich lassen, wo er doch den ganzen Koran auswendig konnte. Wie gemein von ihm!
Meine Tante flehte ihn an, er solle mit dem gotteslästernden Fluchen aufhören, wenn er jemals wieder gesund werden wollte. Außerdem hätte er es fast überstanden, jetzt würde alles gut werden.
Ich wollte kein Spielverderber sein, aber mein Verstand sagte mir etwas anderes. Wenn diese spezielle Heilmethode so durchschlagend war, dann dürfte es ja weit und breit keine Einheimischen geben, die am Stock gingen. Was war aber mit den gebrechlichen, alten Menschen, die ich unten im Dorf gesehen hatte?

Meine allzu nüchternen Fragen sollten unbeantwortet bleiben, denn jetzt stand der letzte Teil der Prozedur an. Meine Tante meinte, wir müssten dem Nachfahren des Heiligen einen Besuch abstatten, quasi als krönenden Abschluss, sonst wäre der ganze Vorgang praktisch ungültig, zumindest ihrer Ansicht nach.
Das Haus lag inmitten eines sauber gefegten Hofes unterhalb des Hügels und hob sich von den anderen Behausungen in dieser Gegend durch seine massive Bauweise ab. Die Tür stand offen, Besucher waren willkommen. Das Familienoberhaupt, seiner Kleidung nach ein Kurde wie viele in dieser Gegend, bot uns sofort einen Platz auf einer mit Kissen ausgelegten Holzpritsche an. Als Zeichen seiner Gastfreundschaft wurde Wasser aus einer mit Ornamenten verzierten Zinnschale gereicht. Es sei das Trinkgefäß seines hier begrabenen Ahnen gewesen, seine Lippen hätten den Rand der Schale berührt, erklärte der Mann feierlich.
Tatsächlich? Mein Opa und meine Tante tranken jetzt noch andächtiger, als wäre die Schale eine Art Heiliger Gral, dessen übernatürliche Kraft gleich auf sie überspringen würde. Ihr leichtgläubiges, manipulierbares Wesen beunruhigte mich ein wenig. Warum hinterfragten sie diese offensichtlich windige Angelegenheit nicht? Und warum machten sie jeden Hokuspokus mit? Vielleicht hatten diese »Nachfahren« die Schale sogar irgendwo gekauft und spielten uns jetzt Theater vor. Abgesehen davon hatten daraus wahrscheinlich schon Tausende Menschen mit den fürchterlichsten Krankheiten wie Typhus oder Cholera getrunken. Nein, aus diesem Gefäß würde ich auf keinen Fall trinken.
Die Ehefrau des Nachfahren im geblümten Baumwollkleid,

mit Pluderhose und blauen Plastikschuhen an den Füßen, versuchte sich jetzt im Smalltalk. Sie und ihr Mann hätten schon sehr viel Leid gesehen: Menschen mit unheilbaren Gebrechen, deren letzte Hoffnung die Pilgerfahrt gewesen sei. Sie wusste von einem Fall zu berichten, da hatten sie einen Mann im Rollstuhl hinaufgefahren und siehe da, bei der Rückkehr ...
Die Geschichte kannte ich doch von irgendwoher. Und dann ist er ohne Rollstuhl den Weg zurückgehopst, vervollständigte ich in Gedanken.
Auch ihm, meinem Opa, prophezeie sie Gutes, wenn er nur alles exakt befolge: dreimal hintereinander die Prozedur auf dem Hügel und dann der Besuch bei ihnen, meinte sie, Wassertrinken aus der heiligen Schale mit inbegriffen.
»*Inşallah, inşallah.*« Mein Opa klang zuversichtlich. Vorhin, am Grabmal, hatte er noch seinen Moralischen, aber jetzt schien er wieder ganz guter Dinge zu sein.
In der wievielten Generation sie mit dem Heiligen verwandtschaftlich verknüpft seien, wollte ich wissen, und wann er denn überhaupt gelebt habe? Doch für Fakten hatte man hier anscheinend keinen Sinn.
»Vor langer, langer Zeit«, fiel den beiden dazu nur ein.
Also, vor langer, langer Zeit lebte einmal ein Mann in dieser Gegend, übrigens anfänglich ein Normalsterblicher. Was ihn aber von all den anderen im Dorf unterschied, war sein tiefer Glaube an Gott. So war dieser Mensch, der ständig von der Moral predigte und damit seinen Mitmenschen gehörig auf die Nerven ging, allen ein Dorn im Auge. Sie nahmen ihn eines Tages gefangen und sperrten ihn in eine nach oben trichterförmig zulaufende Höhle, verschlossen sie mit einem

großen Stein und überließen ihn seinem Schicksal. Doch obwohl er eigentlich nicht ausbüxen konnte, verpasste er tagsüber nie die Andacht in der dörflichen Moschee. Und abends ging er wieder freiwillig zurück in sein steinernes Gefängnis.

Zuerst dachten alle, es sei sein Geist, der da herumspukte. Dann aber sprachen sie ihn an und fragten, ob er es tatsächlich sei, der Eingesperrte? Als er bejahte, war das Erstaunen groß. Denn wie hatte er es geschafft, die Höhle zu verlassen und vor Sonnenuntergang wieder zurückzukommen?

Er sei an den Sonnenstrahlen, die durch die Ritzen in die Höhle gelangten, emporgeklettert und nach dem Beten wieder an den Sonnenstrahlen zurück in die Höhle gerutscht, erzählte er. Das konnte natürlich nur jemand vollbringen, der übersinnliche Kräfte besaß, überlegten die Menschen. Sie befreiten ihn aus seinem Gefängnis und verehrten ihn zeit seines Lebens wie einen Heiligen.

Meine Familie war fasziniert von dieser detaillierten Erzählung. Doch jetzt steuerte die kultische Verehrung ihrem Höhepunkt entgegen.

»Hier hab ich noch etwas«, meinte nun der Nachfahre mit salbungsvoller Stimme. Er zog einen alten, vergilbten Stofffetzen aus einer Truhe. »Ein letztes Andenken – der Turban des Verstorbenen.«

Besser gesagt, der kümmerliche Rest davon, den er, als Reliquie getarnt, meinem Opa vor die Nase hielt, damit er diesem unappetitlichen Lappen einen Kuss aufdrückte.

»Tu's nicht!«, warnte ich ihn. Doch es war zu spät. »Da sind doch sicherlich Bakterien drauf«, sagte ich entsetzt und erntete dafür einen giftigen Blick von meiner Tante. »Auf diesem heiligen Turban können keine Bakterien überleben!«, war ihr Argument.

Das Gegenteil hätte mich sowieso überrascht, aber immerhin war das quälend lange Ritual nun endlich beendet, und wir verabschiedeten uns, selbstverständlich erst nach einer großzügigen Geldspende, was meine Tante mit dem Spruch »Gott gibt's denen reichlich, die Gutes tun« verband.

Noch magischer hätte dieser Moment nicht sein können, und ich musste gestehen: Das Grabmal, das Trinkgefäß, der Turban des Heiligen – zusammen waren sie nicht nur eine geschickte Komposition, sondern eine clevere Geschäftsidee.

Bekanntlich versetzt der Glaube ja Berge. An diesem Abend aber ging es meinem Opa kaum besser. Das habe nichts zu bedeuten, sei sogar normal beim ersten Mal, bemerkte meine Tante auf ihre spitzfindige Art. Zum Glück hätte er ja noch zwei weitere Pilgerfahrten vor sich.

Die konnte er allerdings nicht mehr antreten, weil ihm – aufgrund seines schlechten gesundheitlichen Zustands – nach diesem Tag keine weiteren Strapazen zuzumuten waren.

Eine schrecklich nette Familie

»Grüß Handan und Ismet ganz herzlich von mir«, sagt Vater, als er mich zum Busbahnhof begleitet. »Sie sollen mich mal in Alanya besuchen kommen.«
»Richte ich gerne aus«, verspreche ich und steige ein.
Der Bus, ein komfortables Gefährt mit Klimaanlage und Fernseher, rollt vom Terminal, während ich meinem Vater lange hinterherwinke.
Nach ungefähr acht Stunden Fahrt, die untermalt werden von wortreichen Erzählungen meiner Sitznachbarin, einer einfachen Frau vom Land, deren Kleidung stark nach Mottenkugeln riecht, bin ich froh, in Ankara zu sein.
Hier wohnen sie also: Tante Handan, Onkel Ismet, meine Cousins Muhsin, Giray, Ekrem und Tayfun. Als mich das Taxi vor der etwas apokalyptisch anmutenden Wohnsiedlung in Ankara mit Dutzenden Hochhäusern absetzt, habe ich ein mulmiges Gefühl. Was, wenn meine Tante mich moralisch unter Druck setzt, mir Vorwürfe macht, mich fragt, warum ich erst jetzt auftauche nach so vielen Jahren? Warum ich es nicht mal für nötig befunden habe, sie öfter anzurufen oder wenigstens einmal im Jahr ein Grußkärtchen zu schicken? Und was, wenn sie mich um Geld anpumpt, weil einer ihrer

Söhne Geld braucht oder die Waschmaschine dringend eine Reparatur benötigt? Das ist eventuell zu befürchten, wenn man den Aussagen ihrer Geschwister glauben darf, die gerne übereinander herziehen.

Außerdem, so warnen sie mich – halb ernst, halb ironisch – sei Tante Handan überaus gläubig, weshalb Vorsicht geboten sei. Sie kenne sich sehr gut aus mit allerhand religiösen Beschwörungsformeln. Was also, wenn sie mich verhext? Meine Befürchtungen sind vielleicht etwas übertrieben, aber sie zeigen vor allem, dass mir die türkische Verwandtschaft doch ein wenig fremd geworden ist.

Am meisten aber verstören mich die kindischen Streitereien, der Umstand, dass sich die acht Geschwister notorisch in den Haaren liegen. Dann geht es darum, theatralisch aufzulisten, wer wen wann schlecht behandelt hat, und dass man ja selbst total harmlos und verträglich sei. Das tun sie oft mit verbissener Ausdauer, bis einer von ihnen beleidigt die Segel streicht.

Ich habe den Verdacht, ohne diese Kabbeleien würden sie sich tödlich langweilen, aber auf einen Außenstehenden, auf mich, wirkt ihr Verhalten befremdend. Ich gestehe: Ihre orientalisch-impulsive und auf Krawall gebürstete Art strengt mich an, auch wenn sie sich am Ende meist wieder versöhnlich in den Armen liegen.

Nun ja, so schlimm kann diese schrecklich nette Familie nicht sein, spreche ich mir selbst Mut zu, als ich auch schon ankomme, in der Höhle des Löwen sozusagen. Es ist mein erster Besuch seit vielen Jahren. Vielleicht hilft er, mein schlechtes Gewissen zu beruhigen. Schließlich war es auch Tante Handan, die sich während Mutters einjährigem

Deutschlandaufenthalt liebevoll um uns Kinder gekümmert hat. Und bei unserem letzten Telefonat klang sie doch ziemlich kränklich, so dass ich schon befürchtete, ihr letztes Stündlein würde bald schlagen.
Tante Handans Wohnung war immer schon eine Art Anlaufstelle für die ganze Familie. Das ist auch für mich die Gelegenheit, zwei Fliegen mit einer Klappe zu schlagen und mich an einem der nächsten Tage dort mit meiner Cousine Meral zu verabreden. Sie bat mich, sie bei ein paar wichtigen Behördengängen zu begleiten. Eine äußerst heikle, bürokratische Angelegenheit, die Fingerspitzengefühl erfordert und die sie, als jemand, der der Türkei seit langem den Rücken gekehrt hat, wohl nicht alleine bewältigen kann.

Doch nun drücke ich mit klopfendem Herzen auf den Klingelknopf. Mein Cousin Ekrem öffnet die Tür, und ich stolpere fast über einen Berg von Schuhen, die im Eingangsbereich aufgestapelt sind. Meine Tante ist sehr reinlich. Mit Straßenschuhen kommt hier keiner rein. Ich falle den beiden um den Hals, und wir küssen uns einmal links und einmal rechts auf die Wange.
»Eine Schande, dass du uns erst nach so vielen Jahren besuchst«, meint Tante Handan vorwurfsvoll, und ich gelobe Besserung. Ab jetzt würde ich einen auf Familienmensch machen, so wie alle anderen Türken auch, verspreche ich.
Inzwischen hat mich die ganze Familie umringt und begutachtet mich von allen Seiten, als wäre ich eine seltene Antiquität. Nach dieser euphorischen Begrüßung wird es nun allmählich Zeit einzutreten, denn ich stehe immer noch im Flur.

»Hier sind Hausschuhe für dich«, sagt Tante Handan und reicht mir ein Paar abgetragene Schlappen in Größe 45. Man merkt: Hier wohnt nicht die Hautevolee. Es sind bodenständige Menschen – eine türkische Durchschnittsfamilie.

Die Wohnung ist völlig überladen mit einem Sammelsurium an Einrichtungsgegenständen, die stilistisch und farblich nicht zusammenpassen: gehäkelte Deckchen auf Kommoden und Tischen oder Vasen mit Plastikblumen. An den Wänden hängen Kalender mit arabischen Schriftzeichen oder Koransprüchen. Im Wohnzimmer thront ein großer Fernseher, drum herum gleich zwei große Sofas mit dazugehörigen schweren Sesseln – der Lebensmittelpunkt der Familie.

»Sag mal, hast du zugenommen?«, fragt nun Tante Handan, nachdem wir uns gesetzt haben. Sie mustert mich mit neugierigen Blicken und meint: »Im Fernsehen siehst du jedenfalls fülliger aus!«

Das sagt eine, die aussieht, als sei sie seit Jahren auf keine Waage mehr gestiegen – wahrscheinlich aus gutem Grund. Das ist kein Vorwurf, sie kocht und isst für ihr Leben gern.

»Im Fernsehen sieht man immer etwas fülliger aus, mindestens fünf Kilo mehr«, sage ich zu meiner Rechtfertigung und ziehe dabei den Bauch ein.

»Das verstehe ich nicht. Wie soll das denn gehen? Ist ja auch egal. Du bist rank und schlank wie immer. Übrigens, du machst in natura auch einen viel jüngeren Eindruck als im Fernsehen. Erst kürzlich haben wir dich wieder bei Euro D gesehen.«

Dort wird unsere ZDF-Sendung mit türkischen Untertiteln wiederholt. Das ist eine gute Sache, ein Angebot für türkische Zuschauer, die sich über politische Themen rund um

Europa informieren wollen. Dass ich mich jetzt, Tausende Kilometer von Mainz entfernt, für mein Aussehen rechtfertigen muss, ist weniger gut.

Aber es kommt noch schlimmer: »Bevor ich es vergesse: Dunkle Blazer stehen dir gar nicht. Was machen die nur mit dir? Selbst im türkischen Fernsehen haben die Moderatorinnen die tollsten Sachen an.«

»Das ewige Problem mit der Kleidung«, sage ich beiläufig und hoffe, dass wir schnell das Thema wechseln können. Es jedem recht zu machen ist ein Ding der Unmöglichkeit. Dass ich mir aber sogar in der Türkei Kritik daran anhören muss, ist schon komisch.

Tante Handan lässt aber nicht locker und schüttelt verständnislos den Kopf: »Beim deutschen Fernsehen gibt es doch bestimmt noch bessere Stylisten als hier bei uns. Warum also hast du keine flottere, jugendlichere Kleidung?«

Die habe ich eigentlich schon, nur hat mich Tante Handan als selbsternannte Modeberaterin wahrscheinlich einmal in einem Blazer gesehen, der nicht ihren Vorstellungen entsprach, und schon fällt sie ein vernichtendes Urteil.

So ist sie nun mal, meine Tante: hart, aber herzlich.

Auf einmal klatscht sie voller Tatendrang in die Hände, denn es ist Essenszeit. Dort drüben könne ich mir die Hände waschen, sagt sie und weist mir den Weg ins Bad.

»Dass wir uns erst nach so vielen Jahren wiedersehen...«, murmelt sie noch.

Im Bad mache ich eine überraschende Entdeckung: eine Toilette mit automatischem Reinigungsmechanismus, Wassersparmodus und zugehöriger Bidetfunktion für die täglichen, religiösen Waschungen. Ein Wunderwerk der Technik mit vielen blinkenden Knöpfchen, die wie in einem Cockpit aufleuchten – wie ich später erfahre ein asiatisches Modell, das mein Cousin Ekrem, Pilot bei Turkish Airlines, für seine pingelige Mutter aus Japan mitgebracht hat. Man merkt, wo die Prioritäten liegen in dieser Familie.

Als ich zurück bin, biegt sich der Esstisch vor allerlei Spezialitäten: rote Linsensuppe, Zucchini-Reibeplätzchen, Spinat mit Hackfleisch und Joghurt, Fleischbällchen in Zitronensauce, Mandelpudding. Jetzt verstehe ich, woher Tante Handan ihre Rundungen hat.

Als Moderatorin sollte ich auf meine Linie achten – nicht, dass mir noch mehr Beschwerden kommen, aber ich kann nicht widerstehen.

Zur Kernfamilie haben sich noch insgesamt zehn weitere Mitglieder aus der nahen und fernen Verwandtschaft eingefunden, die man telefonisch verständigt hat. Wie ein Lauffeuer hat sich wohl meine Ankunft verbreitet: WIR HABEN BESUCH AUS DEUTSCHLAND! Sie alle schauen mir beim Kauen zu.

Wenn es eine türkische Eigenheit gibt, dann ist es die Neugier. Mein Cousin Muhsin hat jetzt die Filmkamera ausgepackt, um das freudige Wiedersehen festzuhalten für all die, die heute auf die Schnelle nicht kommen konnten, um ihnen dann das Video von mir, einer leibhaftigen Moderatorin im deutschen Fernsehen, bei Gelegenheit zu präsentieren.

Dann ist es schon weit nach Mitternacht, und jetzt verabschieden sich die meisten Familienmitglieder, nicht ohne anzukündigen, dass man sich spätestens morgen Mittag wieder treffen könnte. Ich könne ja diesmal zu ihnen kommen. Ich bin im Bilde. Türkische Familien hocken ständig aufeinander

und besuchen sich reihum, mit Kind und Kegel hocken sie zusammen, bis in die tiefen Nachtstunden, nicht nur an Feiertagen, den Wochenenden, sondern auch wochentags, und quatschen, bis ihnen die Augen zufallen. Sie können nicht allein sein, haben Hunderte Verwandte, Tausende Freunde. Woher nehmen sie nur diese Zeit?
Die Folge: chronische Übermüdung. Nichts für mich – schließlich wurde ich als Kind, ebenso wie die deutschen Kinder, nach dem Sandmännchen ins Bett geschickt –, doch für meine türkische Verwandtschaft ist das Schlafen wohl nur vertane Zeit.
Jetzt sind wir nur noch zu dritt, und ich grüble, ob Tante Handan wirklich so krank ist, wie sie vorgibt zu sein. Am Telefon klang es sehr dramatisch, was sie mir erzählte. Nun scheint sie tatsächlich ein wenig zu schwächeln, denn sie meint: »Wenn ich zu viel rede, dann trocknet mir die Kehle aus. Schließlich fange ich an zu husten, und meine Augen tränen.«
Ich überlege gerade, unter welcher Krankheit sie wohl leiden könnte, da erzählt sie, sie habe nicht nur drei Bandscheibenvorfälle gehabt, sie hätte neuerdings auch Zucker, Bluthochdruck und außerdem Wasser in den Knien.
So genau will ich das eigentlich nicht wissen, aber sie ist voll in ihrem Element, behauptet noch, dass keines der Medikamente wirken würde. Wenn sie Medizin so handhabt wie meine Mutter, dann ist das kein Wunder, denke ich. Sie hält die Ärzte, die sie behandeln, nicht nur für inkompetent, sondern setzt ihre Arzneien, die langfristig wirken sollen, viel zu früh ab. Tante Handan könnte wenigstens auf ihren Sohn Tayfun hören, denn der ist schließlich Mediziner.

»Was fehlt dir denn genau?«, frage ich nach dieser dramatischen Schilderung ihrer Krankheitsgeschichte.
Sie antwortet ein wenig theatralisch: »Eigentlich tut mir alles weh.«
Das war ja klar! Ich kenne das von Mutter. Sie sagt auch manchmal: »Mein Herz ist sehr eng geworden.«
Auf Deutsch heißt das so viel wie: Ich habe eine depressive Stimmung. Es könnte aber auch alles andere heißen, was den schlechten Gesundheitszustand des Patienten beschreibt. Auf jeden Fall ist das nicht sehr hilfreich, weder für mich noch für den behandelnden Arzt. Überhaupt dreht sich viel um Krankheiten, fast schon so, als wolle sie an dem Wettbewerb »Die Türkei sucht den Superkranken« teilnehmen.
Ich mache eine betroffene Geste und wünsche ihr alles Gute, doch sie plappert wieder munter drauflos und nimmt in Kauf, dass ihre Kehle weiter austrocknet und sie dann husten muss, von den tränenden Augen ganz zu schweigen. Alles in allem macht sie einen putzmunteren Eindruck. Ich habe langsam den Eindruck, dass ihr eigentlich gar nichts fehlt.
Ob denn meine Kinder auch Türkisch könnten, fragt sie nun unvermittelt und hält mir die Reste ihres selbstgemachten Mandelpuddings vor die Nase. Ich bin pappsatt, aber sie wäre zu Tode gekränkt, wenn ich ihn jetzt zurückweisen würde.
»Unser Sohn hat gerade einen Kurs besucht. Er spricht inzwischen sogar ganz gut Türkisch«, erzähle ich, während ich den Pudding aus der Schale löffle.
Das mit der türkischen Sprache ist anscheinend sehr wichtig für sie und ein Zeichen dafür, dass man die Brücken hinter sich noch nicht ganz abgebrochen hat, selbst wenn man

schon Jahrzehnte weit weg von der Heimat lebt. So patriotisch wie meine türkische Familie sehe ich das aber nicht, eher pragmatisch. Es ist ein Gewinn für jeden, mehrere Sprachen zu beherrschen.

Tante Handan scheint zufrieden mit meiner Antwort und will nun mehr über meinen Moderatorenjob wissen, wobei wir vom Hundertsten ins Tausendste kommen.

Ich erzähle ihr unter anderem, dass ich eine der ersten Moderatoren war mit sogenanntem Migrationshintergrund – eine Exotin. Und ich berichte ihr von den vielen positiven Zuschriften der letzten Jahre, den Menschen, die mich als eine ganz normale Moderatorin wahrnehmen, trotz des türkischen Namens.

Die schlimmen Geschichten, als ich in den neunziger Jahren mit Zuschauerbriefen von Nazis in fehlerhaftem Deutsch bombardiert wurde, die behalte ich lieber für mich.

In einem der Briefe hieß es, ich solle mit meiner asiatischen »Bruht« in die Türkei »verschwienden«. Geschmückt war der Brief mit einem großen Hakenkreuz.

Ein anderer schrieb an meinen Vorgesetzten, ich hätte nichts im deutschen Fernsehen zu suchen, er solle mich unverzüglich entlassen und mich durch eine deutsche Moderatorin ersetzen.

Daran erinnere ich mich nur ungern und will auch nicht, dass meine türkische Verwandtschaft davon erfährt. Das würde sie nur traurig stimmen, und sie würden mich fragen, warum ich denn trotzdem in Deutschland bliebe.

Solche radikalen Botschaften habe ich aber lange nicht mehr bekommen. Ein Grund könnte sein, dass ich für die Rechtsradikalen inzwischen nicht mehr die einzige Zielscheibe bin, heute tummeln sich ja Dutzende von Moderatoren mit ausländischen Wurzeln auf dem Bildschirm.

Dafür muss ich aber immer wieder als Blitzableiter herhalten, wenn wieder einmal ein heißes türkisch-deutsches Eisen in den Medien diskutiert wird. Die Themen sind klar umrissen: der Bau von Moscheen in Deutschland, Zwangsehen, sogenannte Ehrenmorde, die Integration oder – der Aufreger Nummer eins – die EU-Mitgliedschaft der Türkei. Dann kommen schon mal belehrende Zeilen, wie einmal von einem christlich-evangelikalen Publizisten, der nach einem harmlos normalen Beitrag über das Wirtschaftswachstum in der Türkei Folgendes schrieb:

»Wenn fast 2/3 aller Deutschen die EU-Mitgliedschaft ablehnen – in der Schweiz, den NL, Dänemark etc. ist es nicht anders –, dann nicht, um die gute Wirtschaft Ihres Heimatlandes zu behindern. Die Freiheit Ihrer Bürger in unserem Land und die massive Unfreiheit der Christen in der Türkei weist massive Unterschiedlichkeit auf. ... Die Knechtschaft meiner Geschwister in Ihrem Land gründet sich auf unmittelbare Erfahrungen.«

Wie diese Zeilen verraten, gehöre ich auch gar nicht in dieses Land, denn er spricht von »unserem Land« und »Ihrem Land«. Da werden wohl auch die vierzig Jahre in Deutschland nicht reichen, um ihn vom Gegenteil zu überzeugen.

Doch wer sich in die Öffentlichkeit wagt, muss auch solche Briefe ertragen können. Die Mehrheit der Zuschriften ist aber positiv, und es sind auch immer wieder welche zum Schmunzeln dabei.

Zum Brüllen komisch finde ich es allerdings auch, wenn meine Kinder mir konsterniert erzählen, dass ihre Schulkameraden sie manchmal fragen, ob ihre Mutter denn auch

Deutsch spreche oder gar ein Kopftuch trage. Es erstaunt mich, das muss ich offen zugeben, dass selbst junge Menschen in diesen gängigen Etiketten denken.
Als ahne Tante Handan meine Gedanken, fragt sie: »Hast du nie daran gedacht, in die Türkei zurückzukehren?«
»Mein Lebensmittelpunkt ist in Deutschland, aber eigentlich liebe ich es zu pendeln«, antworte ich. »Mal hier, mal dort. Wie schön, wenn man mehrere Kulturen in sich trägt.«
Meine Tante würde das sicher als Zerrissenheit bezeichnen. Und vielleicht ist da ja etwas dran. Denn bin ich in Deutschland, träume ich von der Türkei, ihren warmherzigen und großzügigen Menschen, die charmant, lässig und ohne Verbissenheit durchs Leben gehen, von mediterranem Feeling und schmackhaften Tomaten.
Und kaum reise ich in die heiß ersehnte Türkei, tritt genau das Gegenteil ein. Ich schwärme von der deutschen Gründlichkeit, dem Hang, alles auszudiskutieren, und der verantwortungsvollen Ernsthaftigkeit der Menschen, die den Müll nicht einfach aus dem Fenster kippen, sich aufrichtig Sorgen machen um Klimawandel und Menschenrechte und ein großes Herz haben für Hunde oder für einen Eisbären namens Knut.
Ich schätze diese Vielfalt, die sich mir da bietet, sie ist ein Gewinn. Aber nur derjenige, der in einer ähnlichen Situation lebt, kann es wohl verstehen. Für meine Tante und meinen Onkel jedenfalls ist das weder Fisch noch Fleisch.
»Stimmt es, dass die Türken in Deutschland das ganze Land mit Dönerbuden zugepflastert haben?«, mischt sich nun Onkel Ismet ins Gespräch ein.
Er hat in der Zeitung gelesen, dass Döner inzwischen zu

einer Art Dauerbrenner auf der Speisekarte der Deutschen geworden sei, wie Bratwürstchen und Pizza.
»Gut möglich«, gebe ich zu.
»Und stimmt es, dass die Müllabfuhr inzwischen wieder in deutscher Hand sein soll, seitdem die Türken sich hochgearbeitet haben?«
Tante Handan fasst sich an die Stirn, kneift die Augen zusammen und meint verärgert: »Dieser Mann bringt mich noch ins Grab. Eine ernste Unterhaltung ist mit ihm kaum möglich. Altersbedingt«, meint sie noch und wiegt ratlos den Kopf hin und her. »Ich bin jedenfalls froh, dass ich in der Türkei geblieben bin.« In ihrer Aussage schwingt etwas Stolz mit.
»Aber das Leben hier kann auch ganz schön hart sein. Warum hast du nie ans Auswandern gedacht?«, will ich wissen.
»Bin doch nicht verrückt. Lieber wäre ich hier verhungert.«
»Dass du nicht verhungert bist, dafür hat das Militär gesorgt«, bemerkt mein Onkel etwas barsch, der als pensionierter Unteroffizier wie immer die Fahne der heroischen türkischen Armee hochhält.
»Was erzählst du denn schon wieder für einen Quatsch? Dein Gehalt hat doch weder zum Leben noch zum Sterben gereicht. Damit konnten wir wirklich keine großen Sprünge machen.«
Es hört sich an, als würden sie sich anbrüllen, aber offenbar ist das ihre Art zu kommunizieren. Zugegeben etwas zu hitzig und in einer Lautstärke, die man in Deutschland, ohne zu übertreiben, als Streit bezeichnen könnte.
»Immerhin gab es dadurch auch viele Vergünstigungen. Oder hättest du dir sonst die Kuraufenthalte und Urlaube in An-

talya leisten können, wenn das Militär dort keine Hotels und Pensionen gehabt hätte? Und auch die Kinder haben davon profitiert. Wie du dich erinnern kannst, haben Ekrem und Tayfun im Hochzeitssalon der Armee geheiratet.«
»Ja, das stimmt«, gibt sie ihm recht, was sie normalerweise selten tut. »Trotzdem, auch ohne die Hilfe der Armee hätte ich meine Heimat nie verlassen. Die fremde Sprache, die andere Kultur und der ständige Druck, das ist nichts für mich. Am Ende will man doch dort sterben, wo man geboren wurde.«
»Viele Türken sind in Deutschland geboren, sie sind inzwischen Deutsche«, sage ich.
»Und ihre Traditionen, ihre Religion? Ob sie jemals wieder zurückkehren?«, fragt sie ganz patriotisch.
»Auf die, die kommen, können wir verzichten«, wettert mein Onkel. »Die tun immer so, als wären sie was Besseres.«
»Wir meinen natürlich nicht dich«, entschuldigt sich Tante Handan. »Aber da war mal früher ein ›*Almancı*‹ in unserer Straße. Der war im Heimaturlaub und stolzierte immer mit einem Federhut durch die Gegend. Was für ein Angeber!«
Ein Türke mit Tiroler-Hut – wie originell. Was man nicht alles macht, um aufzufallen, denke ich.
Da meint mein Onkel: »Wir sind hier bisher auch ohne Federhüte gut klargekommen. Als wäre ein Federhut das höchste der Zivilisation und der ›Deutschländer‹ der Überbringer.«
»Es ist ja auch nicht alles gut, was aus Europa kommt«, pflichtet ihm meine Tante bei. »Unsere heimische Paprika zum Beispiel. *Die* ist viel kleiner, sieht nicht so aufgeblasen aus und schmeckt auch viel besser. Einmal hat Ekrem so ein

Riesenexemplar aus Europa mitgebracht. Wir waren so perplex, dass wir die Paprika fotografiert und immer wieder bestaunt haben.« Sie kann das Lachen nicht halten, und auch Onkel Ismet muss schmunzeln.
Ob sie das Bild mit der aufgeblasenen Paprika auch im Rahmen über dem Sofa aufgehängt haben – als abschreckendes Beispiel sozusagen –, ist nicht überliefert, aber die Erzählung zeigt, dass ihr Patriotismus auch vor Gemüse nicht haltmacht.
»Ein anderes Thema: Isst dein Mann eigentlich viel Schweinefleisch?«, fragt nun mein Onkel amüsiert, obwohl ihn erst vorhin seine Frau wegen seiner unpassenden Bemerkungen getadelt hatte.
Klar, von morgens bis abends stopft er sich voll damit, denke ich und überspiele das mit einem Lächeln. Irgendwie ist Onkel Ismet immer peinlich, trotzdem bringt er mich zum Lachen.
Ich frage mich, ob er sich noch an den Männerabend mit meinem Mann erinnern kann. Bei unserem ersten Besuch – wir hatten gerade geheiratet – sagte er in gebrochenem Englisch zu ihm: »In Deutschland trinkt ihr doch viel Alkohol.«
Mein Mann überlegte kurz, worauf er eigentlich hinauswollte, und meinte: »Ab und zu, Bier oder Wein.«
Onkel Ismet grinste. »Kennst du Raki?«
Wer kennt ihn nicht, den türkischen Anisschnaps, den man normalerweise verdünnt zu sich nimmt. Mein Mann nickte. Er trinke ja normalerweise keinen Alkohol, prahlte Onkel Ismet, heute aber würde er für ihn eine Ausnahme machen. Wie gönnerhaft, dachte mein Mann.
»Lass uns heute einen heben, lass uns einen Raki-Abend machen.«

Warum nicht? Mein Mann schätzt die Gastfreundschaft der Türken. Ein Glas Raki, verdünnt mit Wasser, konnte einen ja nicht so schnell umhauen.
Doch nichts da! Kein Wasser, kein Eis, dafür jedes Mal randvolle Gläser, die man sich mit einem »Şerefe« zu Gemüte führte – so war die erste Flasche rasch geleert. Doch warum ging Onkel Ismet plötzlich weg? Ob er wohl auf Toilette musste?
Es dauerte keine fünf Minuten, da war er wieder zurück. Er machte einen sehr gelösten Eindruck, ging gutgelaunt in die Küche, um die nächste Flasche zu öffnen. Viel sagte er nicht, trank aber sehr konzentriert und guckte meinen Mann immer freundlich an. Nach der zweiten Flasche verschwand er wieder, was meinen Mann langsam beunruhigte. Mit einem mulmigen Gefühl stand er auf und fragte sich, was der Grund sei? Hatte er ihn irgendwie beleidigt oder unwissentlich etwas Falsches gesagt? Und was trieb er nur hinter seinem Rücken, es würde doch nichts Schlimmes sein? Er nahm seinen ganzen Mut zusammen und linste um die Ecke: Da kniete der Onkel auf dem Teppich und betete. Komisch, dass er ausgerechnet jetzt den Gebetsteppich ausrollen musste, wunderte sich mein Mann. So gottesfürchtig hatte er ihn gar nicht eingeschätzt. Mein Onkel schien guter Dinge, sein Blick war klar, als er wieder vor ihm stand, quietschfidel, mit der nächsten Rakiflasche in der Hand. Er schien einiges zu vertragen, während mein Mann sich schon ein Auge zuhalten musste, damit er nicht doppelt sah.
»Darfst du überhaupt so viel Alkohol trinken?«, fragte ihn schließlich mein Mann.
Eigentlich nicht, meinte Ismet, aber wenn man nach jeder

Flasche betete, wäre das nicht weiter schlimm. Allah würde ihm seinen Ausrutscher verzeihen.

Zwar trinkt Onkel Ismet inzwischen keinen Alkohol mehr, aber eines hat er sich bewahrt: Er ist Meister darin, Verbote oder Regeln zu umgehen, bis heute.

»Warum hast du deinen Mann nicht mitgebracht?«, will er jetzt von mir wissen.

»Er muss arbeiten.«

»Immer nur arbeiten, als gäbe es nichts anderes.« Er schüttelt verwundert den Kopf, und eine Frage beschäftigt ihn ganz besonders: ob die Deutschen immer noch so fleißig seien, wie allgemein erzählt würde? Er lobt die deutsche Wertarbeit, die Pünktlichkeit, die Ordnung und die Sauberkeit. Ob diese deutschen Tugenden noch gelten würden?

»Ach, die Deutschen lassen sich inzwischen immer mehr gehen«, bemerke ich. »Sie sind auch nicht mehr das, was sie mal waren.«

»Sag bloß! Nicht, dass die vielen Türken in Deutschland sie verdorben haben«, meint er und grinst.

Tante Handans erste Auslandsreise war eine Pilgerfahrt nach Mekka. Seitdem nimmt sie es sehr genau mit ihren religiösen Pflichten. Neuerdings trägt sie ein Kopftuch, betet fünfmal am Tag und fastet im Fastenmonat, aber auch außer der Reihe, wenn sie einen speziellen Wunsch an Allah hat oder wenn sie irgendein drohendes Unheil, von dem sie geträumt oder das sie im Kaffeesatz gelesen hat, von ihrer Familie abwenden will.

Dann fährt sie quasi Sonderschichten und geistert mit ihrem Gebetsoutfit, einem langen Rock und einem Flatterhemd,

durch die Wohnung, betet oder liest im Koran bis zum Morgengrauen. Nach dem Motto: Je ausdauernder ich die Religion zelebriere, desto größer ist mein Seelenheil.
Onkel Ismet sagt dann immer: »Wenn du so weitermachst, wirst du bald in den Himmel abheben.«
Tante Handan ist die Einzige von acht Geschwistern, die nicht studiert hat, und deswegen durfte sie bei der Suche nach dem Bräutigam nicht allzu wählerisch sein. Die Heirat war so etwas wie eine Befreiung für sie. Auch deshalb, weil sie nicht mehr die Ersatzmutter für ihre Geschwister spielen wollte. Ihre kränkelnde Mutter, meine Oma, konnte sich nicht ausreichend um die Kinderschar kümmern und überließ die Fürsorge der Ältesten.
Onkel Ismet, damals Unteroffizier, hatte sie vom gegenüberliegenden Haus aus beobachtet und sich in sie verknallt. Wie das über diese Entfernung funktionieren konnte, ist mir zwar schleierhaft, aber Türken sind Meister in der platonischen Liebe. Oft sind sie ja verliebt in den Gedanken an die Liebe. Fortan heftete er sich also an ihre Fersen und folgte ihr, wenn sie etwa zum Großeinkauf auf den Markt ging oder ihre kleinen Geschwister in die Schule brachte.
Übrigens, noch heute gilt das »Verfolgen«, vor allem in der Provinz, als ein beliebtes Mittel zur ersten Kontaktaufnahme.
Meine Tante spürte ihn zwar im Nacken, wagte es jedoch nicht, sich umzudrehen, geschweige denn, ein paar Worte mit ihm zu wechseln – das gehörte sich einfach nicht. Doch die beiden verstanden sich auch ohne große Worte. Mein Onkel wusste seismographisch genau, dass sie nicht abgeneigt war. Und so fing er eines Tages Tante Handans jüngste

Schwester ab und steckte ihr einen Zettel zu, den sie meiner Tante überbringen sollte: »Ich liebe Sie. Darf ich um Ihre Hand anhalten?«

Jetzt ist Tante Handan 74, und wenn man sie fragt, ob sie etwas vermisst habe in ihrem Leben, dann hebt sie nur die Schultern und weiß nicht, was sie antworten soll. Sie scheint zufrieden mit dem, was sie hat. Sie kocht gerne, liebt ihre Kinder und umsorgt sie. Hobbys im westlichen Sinne wie Seidenmalerei, Kerzengießen oder Töpfern hat sie keine. Dafür läuft der Fernseher ununterbrochen – eine Geräuschkulisse, auf die sie ungern verzichtet.

Sie hat das Sagen in der Familie, wenn es um die finanziellen Dinge geht. Da verlässt sich Onkel Ismet ganz und gar auf ihr Geschick.

Manchmal aber streiten sich die beiden wie Kinder, doch den Kürzeren zieht meist ihr Mann, den Tante Handan dann »der Dickschädel vom Schwarzen Meer« nennt.

Die Familie meiner Tante lebt in einer Art Parallelgesellschaft, wie übrigens die meisten Türken. Westlich sowie traditionell eingestellte Familienmitglieder Seite an Seite. Erstaunlich, dass trotzdem keiner ausgegrenzt wird. Jeder darf nach seiner Façon glücklich werden, und man geht äußerst tolerant und respektvoll miteinander um.

Mein Cousin Tayfun ist Allgemeinarzt und arbeitet in einer Poliklinik. Er hat es also tagtäglich mit ambulanten Patienten zu tun, darunter auch Hypochonder wie seine eigene Mutter. Tayfun gehört übrigens zur »Westfraktion«. Mit seiner Frau, einer Apothekerin, und seinen beiden Kindern lebt er nicht viel anders als seine deutschen Berufskollegen. Nein, das stimmt nicht ganz. Er wohnt nämlich gerade mal zwei

Blocks von seinen Eltern entfernt im selben Stadtteil, und zwar, um in der Nähe seiner Mutter zu sein. Sie besuchen sich fast täglich und telefonieren mehrmals am Tag.
Wie gesagt, Tayfun gehört zur Westfraktion. Ihm würde es aber nie in den Sinn kommen, den Lebensweg seines jüngeren Bruders Giray zu kritisieren. Dabei gehört der zur »Fundifraktion«. Er ist so religiös, als sei er nicht mehr von dieser Welt, was selbst für türkische Verhältnisse ziemlich ungewöhnlich erscheint. Denn junge Männer in seinem Alter hängen normalerweise in Bars oder Discotheken ab oder fahren mit dem Auto machohaft auf und ab, um auf sich aufmerksam zu machen.
Giray aber zieht es vor, auf Familie zu machen. Weshalb er schon sehr früh geheiratet hat: im Hochzeitssalon einer Moschee, ohne Tanz und Musik. Stattdessen wurde in für Frauen und Männer getrennten Räumen aus dem Koran rezitiert. Die Eheleute, die voll auf einer Wellenlänge liegen, führen ein Leben zwischen Koran und Tradition. Eines der Highlights in ihrem Leben sind die Besuche bei der Schwiegermutter, wo ausgiebig gekocht und geklönt wird. Das schillernde Leben da draußen, eine Reise ins Ausland oder ein Restaurantbesuch, all das scheinen sie gar nicht zu vermissen. Sie sind eins mit sich und Allah und besitzen nicht einmal einen Fernseher. Sie entziehen sich also den westlichen Einflüssen oder kurz gesagt: Ihnen gefällt das Programm nicht.
Der 33-jährige Muhsin ist noch ledig und wohnt bei seiner Mutter. Damit genießt er die Vorzüge eines »All-inclusive-Hotelaufenthalts«. Er ist der Typ, der sich ungern bindet und das Leben so richtig auskosten will, bevor es ernst wird mit den gesellschaftlichen Zwängen.

Dass er in absehbarer Zukunft auszieht, ist eher unwahrscheinlich, denn solange er noch keinen Job hat, sagt er, fände er auch keine Frau – denn die türkischen Frauen seien gnadenlos auf ihre Versorgung aus. Und weil er keine Frau habe, könne er auch gleich bei seiner Mutter wohnen.

Nicht dass er den ganzen Tag auf der faulen Haut liegen würde. Er hat auch seine Pflichten innerhalb der Familie, die vor allem darin bestehen, dass er den Müll runterbringt, Besorgungen macht oder Tee kocht. Das, was er macht, tut er, ohne zu murren.

Warum sind meine Kinder nicht so? Was habe ich nur in der Erziehung falsch gemacht?, frage ich mich immer.

Die Beziehung zwischen Kindern und Eltern in einer türkischen Familie ist eine ganz andere als in einer deutschen Familie. In Deutschland sind die Rollen klar verteilt, hier werden Gehorsam und Achtung gegenüber den Älteren ganz großgeschrieben. Die Kinder lernen von klein auf, dass sie nur ein Rädchen im großen familiären Getriebe sind und dass sie sich dem Gemeinwohl der Familie unterzuordnen haben.

Wenn türkische Eltern erziehen, dann geht es nicht unbedingt darum, wie man mit Messer und Gabel isst, sondern um den Zusammenhalt in der Familie. Und wehe, es leistet sich jemand einen Ego-Trip. Mitgefangen, mitgehangen, heißt die Devise – auch in dieser türkischen Durchschnittsfamilie.

Basteln, Puzzeln oder Babyschwimmen mit den Jüngsten sind eher nichts für viele türkische Eltern, geschweige denn das Lesen von Gutenachtgeschichten. Und trotzdem: Dass sich in einer türkischen Familie Szenen wie bei der *Super*

Nanny abspielen, dass verzweifelte Mütter von ihrer eigenen Brut beschimpft und erniedrigt werden, das wird man hier nicht erleben. In der Türkei wird die Mutter von ihren Kindern geachtet und in Watte gepackt, vor allem, wenn es sich bei diesen Kindern um Söhne handelt. Schon Sigmund Freud hat schließlich festgestellt, dass jeder Junge seine Mama über alles liebt, und den Begriff »Ödipuskomplex« geprägt. Kann gut sein, dass er dabei an die türkischen Männer gedacht hat und nicht, wie vielfach behauptet, an einen König namens Ödipus aus der griechischen Mythologie.

Und dann ist da noch Ekrem, der bei Turkish Airlines arbeitet. Von ihm ist die Geschichte als heroischer Starfighter-Pilot überliefert, die heute noch zum gängigen Repertoire geselliger Abende gehört, wobei sie immer wieder eine andere Wendung bekommt. Die aktuelle Version, allerdings ohne Gewähr, lautet:
Ekrem kämpft 10 000 Meter über der Erde mit einem Getriebeschaden, katapultiert sich mit dem Schleudersitz aus seinem Starfighter und landet krachend auf einem Strommasten, während sein Jet auf eine Kuh donnert und sie tötet. Ein Dorfvorsteher bemerkt seine missliche Lage und sorgt dafür, dass der Strom abgeschaltet und Ekrem gerettet wird.
Es könnte aber auch eine Schafherde gewesen sein, der Strommast ein Heuballen und der Dorfvorsteher ein Bauer – das ist der blühenden Phantasie überlassen.
Ekrem, diesen begnadeten Geschichtenerzähler, wollte Tante Handan mit Meral, unserer Cousine, verkuppeln, aber das ging mächtig daneben.
Es ist kein Gerücht, dass in der Türkei Cousins und Cousi-

nen untereinander heiraten. Die einen tun das, weil die Familie sie dazu nötigt, die anderen werden einander vorgestellt in der Hoffnung, die jungen Leute könnten sich vielleicht mögen. Schuld an diesen verwandtschaftlichen Verstrickungen ist das ewige türkische Misstrauen gegenüber Fremden und ihre mit viel Phantasie gewürzten Verschwörungstheorien. Nicht umsonst heißt es, der Türke habe keine Freunde. Bleibt also nur noch die Sippe, die Schutz und Fürsorge bietet, wenn das Leben da draußen kalt und unangenehm ist.

Von diesem Gedanken geleitet, kam wohl auch Tante Handan, assistiert von ihrer Schwester Akgül, auf die Idee, dass Cousin und Cousine sich mal näher kennenlernen sollten. Es war unschwer zu erraten, was sie vorhatten: Durch eine Verbindung unter Verwandten würde das Vermögen oder das, was sie darunter verstanden, in der Familie bleiben.

Meral war noch ein Kind, als ihre Eltern nach Deutschland auswanderten. Sie lebten nun schon fast fünfzehn Jahre in Esslingen. Die Sommerferien aber verbrachten sie komplett in der Türkei, meist am Meer.

Der Coup war perfekt organisiert: Die beiden sollten am Strand spazieren gehen und sich dabei näherkommen. Cousin Ekrem redete und redete, lobte sich in den allerhöchsten Tönen, stellte seine steile Karriere bei der türkischen Luftwaffe in den Mittelpunkt seiner Ausführungen und versuchte zu erforschen, wie sich Meral ihre Zukunft so vorstellte und ob sie eventuell in die Türkei zurückkehren würde. Es war mehr ein Abchecken der Lage, als dass man wirklich voneinander angetan war.

Nach diesem nicht gerade romantischen Strandspaziergang

stürmten die Tanten sofort auf Meral zu und bedrängten sie mit allerlei Fragen. Ob er ihr gefallen habe, ob sie sich verstanden hätten, wie sie verblieben wären? Und als sie sahen, dass Meral so gar nichts von dieser Verbindung hielt, zogen sie alle Register, um ihr Ekrem schmackhaft zu machen.

Meral aber ließ sich nicht beirren und meinte halb provozierend, halb augenzwinkernd, er habe den falschen Beruf.

Die Tanten meinten, er könne ja umschulen. Er könne sogar Medizin studieren und ein angesehener Arzt werden, wenn das eher ihrem Berufswunsch entspräche.

Meral sagte, er sei nicht groß genug.

Sie meinten, er könne ja hohe Absätze tragen.

Meral sagte, er habe zu dunkle Haare.

Sie sagten, er könne sich ja die Haare heller färben.

Irgendwann mussten sie aufgeben, zu groß waren die Differenzen. Doch der Türke ist nicht nachtragend, und eine Abfuhr ist auch nicht weiter schlimm. Schließlich kann man es ja mal versuchen.

Wie wir später erfuhren, hat sich Ekrem, pragmatisch, wie er ist, schnell getröstet. Jetzt hat er eine brave Ehefrau und drei Kinder.

»Hat Meral endlich geheiratet?«, fragt Tante Handan.

»Unsere Cousine ist sehr wählerisch. Außerdem ist sie eine selbstbewusste Frau und kommt auch ohne Mann zurecht«, antworte ich und ernte ungläubiges Staunen.

Wahrscheinlich hat meine Tante sogar Mitleid mit ihr, weil sie noch keinen Mann gefunden hat und allein leben muss, obwohl Meral froh ist, dass sie ihre Unabhängigkeit genießt.

Das gleiche Schicksal teilt übrigens auch meine jüngste Tante Sibel. Sie hat sich für den nächsten Tag angekündigt, was meinem Onkel gar nicht passt. Er hasst es, wenn so viel Besuch kommt.
»Schreib doch gleich ›Hotel‹ an die Tür«, sagt er dann.

Im Heiratsfieber

Hast du übrigens schon die DVD von Ekrems Hochzeitsfeier gesehen?«, fragt Tante Handan am nächsten Morgen.
Natürlich nicht. Also wird das Band eingelegt, und ich erlebe eine Hochzeitsfeier, die mehr einer Großdemo ähnelt als einer romantischen Vermählung.
An die 800 Gäste tummeln sich in einer großen, sterilen Halle, der man notdürftig einen feierlichen Anstrich verpasst hat. Lange Tische, wie bei einem Kongress für Verwaltungsangestellte, stehen in Reih und Glied. Darauf Plastikflaschen mit Cola, Sprite und Fanta und einige Knabbereien. Kein Alkohol.
Kinder spielen Fangen, Babys schreien, und das Ganze wird übertönt von einer Band mit übersteuerten Instrumenten, eines davon ein Synthesizer. Auf der Tanzfläche tummeln sich Horden von Menschen, die versuchen, einen türkischen Tanz zu performen, indem sie sich an den Händen festhalten und einen Kreis bilden, während der Bandleader die Stimmung übers Mikrofon lauthals anheizt.
Die einen heiraten an einem einsamen Strand, die anderen ziehen es vor, sich am schönsten Tag ihres Lebens in eine Halle mit OP-Licht und ohrenbetäubendem Lärm zu bege-

ben. Wenn der Türke feiert, muss es hektisch und schweißtreibend sein und immer etwas zu großspurig. Viel zu viele Gäste, die man gar nicht persönlich kennt und die jemand einfach mit eingeladen hat, viel zu viel Essen, weil man sich ja als perfekter Gastgeber, der sich nicht lumpen lässt, beweisen muss. Und viel zu laute Musik, denn nur dann kann man sich amüsieren. Nur rumsitzen und sich gepflegt unterhalten, das kann jeder, das ist nichts für Türken.

Tante Handans Augen füllen sich mit Tränen, als sie das Brautpaar erblickt: der Bräutigam in einem adretten Anzug, die Braut in ein besticktes Bustierkleid gehüllt.

Auf mich machen beide einen etwas gereizten Eindruck.

Kein Wunder, denn sie sitzen schon eine halbe Ewigkeit nebeneinander auf einer Art Empore, übrigens auf ziemlich kitschigen Sesseln im Louis-IV-Stil, und bedanken sich bei denen, die ihnen ihre Reverenz erweisen. Eine lange Schlange hat sich vor ihnen gebildet, einer nach dem anderen überbringt den Brautleuten seine Glückwünsche. Wenigstens gibt es Geschenke: Der Bräutigam bekommt Geldscheine, die mit Stecknadeln aneinandergeheftet werden, so dass er bald eine Art Girlande um den Hals hängen hat. Die Braut erhält Dutzende goldener Armreifen, die ihr bis zum Oberarm reichen.

»Na, wie findest du es?«, fragt Tante Handan, als sich dieses Spektakel dem Ende zuneigt.

»Schön, wie soll ich sagen, eine richtige türkische Hochzeit eben«, antworte ich sehr diplomatisch.

»Zu deiner Hochzeit hast du uns aber nicht eingeladen«, sagt sie leicht beleidigt.

»Wir haben ja auch im ganz kleinen Kreis gefeiert.«

»Warum das denn?«
»So viel Gäste wie bei euch, das ist in Deutschland nicht üblich. Da kommen nur die Familienangehörigen und die engsten Freunde«, antworte ich.
»Wo hast du deinen Mann überhaupt kennengelernt?«
»Das wird dir jetzt nicht viel sagen, aber während eines Drehs zum Thema 125 Jahre SPD. Das sind die deutschen Sozialdemokraten, und die haben so etwas wie Geburtstag gefeiert. Beide sollten wir Filme fürs ZDF machen, und wir stritten uns wie Kinder um den Kameramann. Die erste Begegnung war also nicht gerade erfreulich«, erzähle ich in gekürzter Fassung, weil ich sie nicht langweilen will, wohl wissend, dass Tante und Onkel sich nicht mit den Feinheiten der deutschen Politik auskennen. Nachdem sich das Missverständnis mit dem Kameramann aufgeklärt hatte, wollten wir jedenfalls beide den SPD-Politiker Hans-Jochen Vogel interviewen und hefteten uns gemeinsam an seine Fersen. An unserem Kennenlernen war er also maßgeblich beteiligt.

Nachdem Cousin Ekrem nun also unter der Haube ist, ist es jetzt Tante Handans größtes Anliegen, den noch letzten ledigen Sohn zu verheiraten.
Muhsin könnte zwar selbst jemanden finden, mit seinen 33 Jahren wäre er eventuell dazu in der Lage. Momentan ist er aber zu antriebsschwach. Außerdem traut er sich das nicht auf eigene Faust. Da ist er wie seine Eltern viel zu misstrauisch, er fürchtet sich vor unangenehmen Überraschungen, denen er nicht gewachsen sein könnte.
Abgesehen davon, ist es für ihn sehr schwierig, einfach so jemanden kennenzulernen. In viele Clubs werden Männer

ohne weibliche Begleitung erst gar nicht eingelassen, man achtet streng auf das Gleichgewicht von Männern und Frauen. Das hat auch mit der Erfahrung zu tun, dass sich türkische Männer dann viel gesitteter benehmen, sich also nicht die Köpfe einschlagen bei irgendwelchen Revierkämpfen. Die Regelung klingt logisch, heißt aber auch: Beim Ausgehen eine Partnerin zu finden ist für meinen Cousin kaum möglich.

Armer Muhsin! Also bleibt ihm nur noch das Verkupplungstalent seiner Mutter.

Als meine Tante zum Beten verschwunden ist, nimmt mich Muhsin zur Seite und erzählt mir, dass sich seine Mutter neuerdings Sorgen um ihn machen würde, denn er sei altersmäßig schon fast über dem Verfallsdatum. Die Lage sei ernst, seitdem seine Mutter auch keine Heirats-Botschaften mehr aus dem Kaffeesatz empfange. Es sei zum Verzweifeln. Und deshalb habe sie ihn auch zum *hoca* – einer Art Wahrsager – geschleppt.

»Drei Sitzungen pro Woche, und das Problem ist gelöst. Dann sind die bösen Geister vertrieben«, erzählt er, davon jedenfalls sei seine Mutter überzeugt.

»Ob das wohl funktioniert?« Ich habe da meine Zweifel und schaue ihn etwas mitleidig an.

»Der *hoca* meint, mir hätte jemand den bösen Blick verpasst, deshalb würde ich einfach keine Partnerin finden.«

Oje, hoffentlich endet das nicht tragisch, überlege ich.

»Wie kann man denn so etwas feststellen? Gibt es denn dafür inzwischen ein Gerät, von dem ich noch nie etwas gehört habe? Ich dachte, du bist immun gegen diesen Hokuspokus.«

»Was soll ich denn tun? Sie hat mich überredet, zu diesem Quacksalber zu gehen. Er soll der beste sein in der Stadt.«
»Die Warteliste ist bestimmt sehr lang«, spotte ich. »Nach welchem Prinzip arbeitet er denn?«
»Ewigen Junggesellen oder alten Jungfern verhilft er angeblich binnen fünf Wochen zur Frau oder zum Mann fürs Leben, indem er ihnen ein Glas Wasser, angereichert mit Koransuren auf Papierschnipseln, zum Trinken gibt. Das soll übrigens auch bei Liebeskummer oder Impotenz helfen ...«
Er hat den Verstand verloren, denke ich, aber plötzlich prustet er los, und sein Lachen ist so heftig, dass die Teegläser auf dem Tisch klirren.
»... oder er findet denjenigen, der dir Böses will.«
»Und wer könnte das sein? Hat dieser selbsternannte Prophet denn schon einen Verdacht?«
»Er forscht noch nach. Aber er ist dem Rätsel auf der Spur. Angeblich ist es jemand aus meinem Bekanntenkreis, der es zu verhindern weiß, dass ich heirate.«
Ich zucke zusammen. Er hat doch hoffentlich nicht mich im Verdacht!
»Es muss jemand Männliches sein, der mir mein Glück nicht gönnt. Der *hoca* meint, das nächste Mal, wenn ich zu ihm komme, sollte ich ein Bild von der Person mitbringen, die ich verdächtige«, sagt er und grinst in sich hinein.
Es besteht also noch Hoffnung, dass er ohne Schaden davongekommen ist. Wenn er sich zu solchen Aktionen verleiten lässt, dann bestimmt nur aus Neugier oder um seine Mutter nicht zu enttäuschen. Dieses Muttersöhnchen!, denke ich und zeige mich von meiner kooperativen Seite: »Wenn ich

irgendwie helfen kann, diesen Kerl zu finden, sag Bescheid.«

Neugierig, wie ich bin, will ich natürlich auch wissen, wie es weitergeht. »Wenn der Übeltäter identifiziert ist, was passiert dann?«, frage ich.

»Dann brauche ich irgendwelche Fasern, Fäden oder Haare von seiner Kleidung. Die werden zusammen mit der Hexenkräutermischung vom *hoca* verbrannt.«

»Wofür soll das denn gut sein?«

»Mit dem Rauch dieser teuflischen Mischung sollen die bösen Geister vertrieben werden«, erklärt er nüchtern, als handle es sich dabei um ein rezeptpflichtiges Medikament aus der Apotheke.

Das sind ja Horrorgeschichten, überlege ich. Manche Leute hier sind doch sehr abergläubisch. Aber vielleicht liegt das Wunder des Lebens jenseits des menschlichen Verstandes.

Und vielleicht müssen wir sogar begreifen, dass wir nicht alles begreifen können. Das sagte mir mal ein Star-Wahrsager aus Istanbul, der durch Gebet und Meditation mit sogenannten guten Geistern kommunizieren konnte. Viele Politiker suchten seinen Rat, türkische Regierungsmitglieder und angeblich sogar europäische Staatsmänner, Namen wurden nicht verraten. Die wollen vor allem wissen, ob sie wiedergewählt werden. Das überrascht nicht wirklich. Er behauptete, dass nicht jeder mit Geistern sprechen könne, denn die Geister suchten sich selbst die Person aus, mit der sie reden wollten. Die Wahrscheinlichkeit, dass man eine dieser Personen sei, läge bei 1:1 Million.

Er aber gehöre zum Kreis der Auserwählten, und er habe den direkten Draht zu diesen Boten aus geistigen Sphären. So

habe er den Irak-Krieg vorausgesagt und auch, dass Ministerpräsident Erdogan an die Macht kommen würde.
Einige seiner Prophezeiungen klangen in der Tat unglaublich: Zum Beispiel kündigte er an, die EU würde allen Ernstes auseinanderbrechen, und zwar wegen Großbritannien, das stets für Unruhe in der Union sorgte.
Sollte sich das alles nicht bewahrheiten, wolle er sich die Haare komplett abrasieren. Ich bin gespannt.

Wie mir Muhsin aber später berichtet, ist der Hokuspokus mit seinem *hoca* zum Glück im Sande verlaufen, denn es habe sich am Ende eine andere Möglichkeit aufgetan. Seine Mutter und ihre Freundinnen aus dem Wohnblock hätten so etwas wie eine Kontaktbörse gegründet und die ganze Nachbarschaft plus Verwandtschaft mobilisiert mit dem Ziel, alle ledigen, jungen Frauen aus dem ganzen Viertel sofort zu melden. Wir sehen also: Deutsche haben Heiratsinstitute, Türken sind ihr eigenes Heiratsinstitut.
Irgendjemand hat bestimmt eine ansprechende, vor allem aber eine verlässliche Tochter, die nicht gleich beim ersten Streit die Koffer packt und verschwindet, nachdem sie die Besitzurkunde der gemeinsamen Wohnung auf sich überschrieben hat, um den Ehemann später herauszuklagen. Denn auch solche Frauen gibt es in der Türkei, immer mehr sogar, sehr zum Missfallen der Männer.
Arrangierte Ehe heißt also die Zauberformel, nachdem man die potenzielle Braut und deren Familie auf Herz und Nieren geprüft hat. Diese Ehen, so heißt es, halten länger.
Deutsche lernen sich kennen und heiraten dann, Türken machen es genau umgekehrt. Und noch eine Weisheit, die

ich an diesem Tag von meiner Familie mitnehme: Liebe kann man lernen.
»Und hat deine Mutter jemanden gefunden?«, frage ich Muhsin fasziniert.
Er nickt.
Ich freue mich für ihn, dass die Durststrecke nun beendet ist.
»Wer ist es denn?«
»Die Freundin der Tochter der Schwester meiner Schwägerin, eine ledige Zahnärztin.«
Klar, denke ich, wenn sie ledig ist, dann muss sie ja auf jeden Fall heiraten, was könnte sie sonst mit ihrem Leben anfangen? Denn Heiraten ist in der Türkei das Höchste der Gefühle.
»Und weiß sie schon von ihrem Glück?«
»Noch nicht.«
»Hast du sie schon getroffen?«
»Ich wollte sie mal anrufen. Hab meine Mutter nach der Telefonnummer gefragt. Aber so einfach ist das nicht...«, erzählt er zögerlich.
Ich muss lachen. Was sagt man auch in einer solchen Situation? Äh, ich habe Ihre Telefonnummer von der Tochter der Schwester meiner Schwägerin, und ich habe gehört, Sie wollen heiraten. Wenn Sie nichts dagegen haben, würde ich gerne meine alten Eltern bei Ihnen vorbeischicken.
»... meine Mutter meint, Telefonieren sei Quatsch. Ich soll sie gleich in ihrer Zahnarztpraxis besuchen, und zwar als Patient!« Er schmunzelt wie ein kleiner Junge, als er das erzählt, fragt sich aber zugleich, wie er das anstellen soll. Er traut sich noch nicht so recht und bezweifelt, dass die Anbahnung gelingen kann, so zwischen Mundschutz und Zahnarztstuhl. Und was, wenn sie bohren muss?

Das wäre dann wenigstens ein triftiger Grund für weitere Zahnarztbesuche, überlege ich. Am besten, er schlägt sich gleich selbst einen Zahn aus. Dann würde sich die Behandlung so richtig in die Länge ziehen – das wäre dann also *die* Gelegenheit, sich extrem nahezukommen.
»Vielleicht nehme ich einfach gleich meine Mutter mit«, meint er nun nachdenklich und fügt hinzu: »Zu zweit können wir sie besser unter die Lupe nehmen. Außerdem hat sie eindeutig die schlechteren Zähne.«
Kann dieses Muttersöhnchen überhaupt etwas alleine? Ihm wäre es wohl am allerliebsten, wenn seine Mutter ihm die Braut per Post direkt ins Bett schicken würde, dann müsste er sich nicht mehr so anstrengen.
Ich bin gespannt, wie die Geschichte ausgeht, und hoffe, dass mich Muhsin auf dem Laufenden hält.
Wir sind so vertieft in das Gespräch, dass wir nicht einmal das Sturmklingeln hören.

Vor der Wohnungstür steht Tante Sibel. Sie ist zierlich und von kleiner Statur, trägt Jeans und eine Art Dufflecoat.
»Seid ihr taub?«, fragt sie aufgebracht. Die Neugier sowie die Aussicht auf ein bisschen Tratsch und Klatsch haben sie wohl hierhergetrieben. Sie schüttelt wütend ihren Lockenkopf mit den graumelierten Haaren und fragt energisch: »Wo ist meine Nichte? Guten Tag. Wie geht es Ihnen?«, begrüßt sie mich dann auf Deutsch, ganz die Lehrerin, die bis zu ihrer Pensionierung an einem türkischen Gymnasium unterrichtet hat.
Ich schlinge meine Arme um sie und drücke sie ganz fest.
»Danke, mir geht's gut.«

»Hatten Sie eine gute Reise?«, parliert sie weiter, mit türkischem Akzent.
»Du hast wohl nichts verlernt, Tante Sibel.«
»Wie kann ich diese Sprache jemals verlernen? Meine Lehrer in Deutschland haben sie mir förmlich ins Gehirn gestanzt.«
Ende der sechziger Jahre war sie nach dem Abitur für einen Sprachkurs nach Westberlin gegangen. Sechs Jahre dauerte ihr Berlin-Abenteuer, dann kehrte sie wieder zurück und studierte hier fürs Lehramt.
»Schade nur, dass Deutsch nicht mehr so beliebt ist. Ich habe nur noch ein paar Nachhilfeschüler. Die jungen Leute wollen lieber Englisch lernen.«
Englisch ist ja auch hier die Sprache der Akademiker, während sich von Französisch eher die kulturbeflissene Oberschicht angezogen fühlt. Und die deutsche Sprache? Einst war sie die Sprache der türkischen Malocher, doch anscheinend haftet ihr immer noch etwas blaustrümpfig Zweckmäßiges an. Für sie schwärmt man nicht, man lässt sie emotionslos über sich ergehen.
Doch Tante Sibel hat noch ein Argument. »Es ist der harte Klang der deutschen Sprache, der viele abschreckt und der durch Mark und Bein geht. Dieses ›Achtung‹ oder ›Vorsicht‹«, erklärt sie uns, indem sie das *ch* überbetont, als habe sie chronische Bronchitis.
Wir haben inzwischen in der Küche Platz genommen. Jeder hat ein Glas türkischen Tee vor sich stehen, und Tante Sibel hakt jetzt exakt die Fragen ab, die ich schon der ersten Besuchergruppe beantworten musste: Wie alt meine Kinder seien, was sie machen, ob sie Türkisch könnten, warum mein

Mann nicht mitgekommen sei, ob die drei die Türkei lieben und ob ich Fotos meiner Familie mitgebracht hätte.

Ich beantworte die Fragen eine nach der anderen und zeige ihr auch ein Bild meiner Familie, das in meinem Portemonnaie steckt.

Das Einzige, was ihr dazu einfällt: Dass meine beiden Kinder eine Brille tragen würden, das läge wohl an der deutschen Linie. Bei uns in der Familie hätte bis ins hohe Alter niemand eine Sehhilfe benötigt.

Klar, die Türken haben nicht nur Adleraugen, sie haben auch die besseren Ohren, ganz zu schweigen von ihrem enormen Selbstbewusstsein.

»Mein Gott, sind die Kinder groß geworden, und wie die Zeit vergeht«, meint sie dann. »Jetzt bin ich auch schon sechzig, und meine Zeit in Berlin kommt mir so unwirklich vor. Diese Magie, diese besondere Atmosphäre ... die werde ich wohl nie vergessen«, schwärmt sie. »Damals war ich blutjung, frei und ohne die ewigen ›ayıps‹ der Heimat.«

Damit meint sie all die Dinge, die sich damals für eine junge Frau nicht ziemten. Verglichen mit den »ayıps« aus Tante Handans Jugend in den Fünfzigern war ihre Liste zehn Jahre später sicher nicht mehr so lang. Aber auch in den Sechzigern gab es noch genug Tabus. Eine Frau durfte zum Beispiel nicht einmal einen Mann ansprechen, um nach dem Weg zu fragen.

Manche Tabus gelten aber heute noch: Wenn ich mit dem Überlandbus von Istanbul nach Adana fahre, dann achtet das Busunternehmen möglichst darauf, dass Männlein und Weiblein getrennt sitzen, es sei denn, man ist verheiratet. Diese Regelung kann man verurteilen, ich persönlich finde sie eigentlich sogar sehr frauenfreundlich. Denn wer will schon eine lange Busreise neben einem schlecht riechenden, fremden Mann verbringen?

Die Erinnerung an ihre Zeit in Berlin lässt Tante Sibel nicht los. »Den Geruch der Kneipen in Kreuzberg bekomme ich einfach nicht mehr aus der Nase, diese typische Mischung aus Bier, Kerzenwachs und abgestandenem Rauch«, sagt sie. »Ach, ich würde so gern mal hinfahren und nachsehen, wie die Stadt sich nach dem Mauerfall verändert hat.«

»Dein damaliges Studentenwohnheim aus den Sechzigern wurde bestimmt schon abgerissen«, sagt Muhsin, während er uns einen weiteren Tee einschenkt, den dritten.

Und auch ich kann ihr keine allzu großen Déjà-vu-Erlebnisse versprechen: »Die Stadt wirst du gar nicht mehr wiedererkennen, so sehr hat sie sich in den letzten Jahrzehnten verändert. Aber die berühmte Currywurst, die gibt es immer noch.«

»Ich verrate euch mal was: Ich hab auch schon mal Currywurst gegessen.« Ihr kleiner Körper bebt vor Lachen, sie freut sich diebisch, ein Tabu gebrochen zu haben.

»Schweinewurst?«, fragt Muhsin überrascht.

»Jawohl! Die Franzosen essen Froschschenkel, die Vietnamesen angebrütete Enteneier, na und? Erzähl das aber bloß nicht deiner Mutter«, sagt sie und fügt noch fast flüsternd hinzu: »Vielleicht hätte ich doch in Deutschland bleiben sollen.«

Man spürt, dass sie jetzt wehmütig wird. Und vielleicht hätte sie dort auch den richtigen Partner gefunden.

Aus früheren Erzählungen weiß ich, mit welchen Schwierigkeiten sie als junge, unverheiratete Frau zu kämpfen hatte.

Kein Wunder, in einer Gesellschaft, in der man sich über Familie und Ehe definiert, ist die Ehelosigkeit ein großer Makel. In Deutschland würde eine alleinstehende Frau vielleicht Yoga machen, auf Reisen oder ins Kino gehen, hier aber ist das Alleinsein häufig eine Belastung. Man spürt die Isolierung, verkriecht sich in der Wohnung, neidet den Freundinnen ihr familiäres Glück, fühlt sich wie das fünfte Rad am Wagen und hat Angst vor Mitleid und davor, noch mehr ausgegrenzt zu werden.

»Den Leuten hier fehlt der Respekt vor ledigen Frauen«, meint Tante Sibel und liefert gleich ein Beispiel dafür: »Heute hat sich der Hausmeister an meiner Tür den Hals verrenkt, um einen Blick auf mich und meinen Nachhilfeschüler zu erhaschen. Das ist doch krank! Als ob wir statt Grammatik zu lernen eine Nummer schieben würden.«

Wenn sie sich ärgert, dann benutzt sie oft solch derbe Sprüche. Dem Hausmeister jedenfalls habe sie es gegeben. »Der schielt nicht mehr ungestraft in meine Wohnung.«

Tante Sibel ist nicht von der ängstlichen Sorte, sie lässt sich nichts gefallen, und sie eckt an. Ob im privaten Bereich, in den Behörden, wo der türkische Schlendrian besondere Blüten treibt, oder in der Frauenfrage – sie kann einfach nicht den Mund halten.

Tante Handan, immer bereit, Salz in die Wunde zu streuen, meint, so habe sie auch die Männer verschreckt.

Oder hat sie einfach keinen Seelenverwandten gefunden? Fest steht: Tante Sibel hält nicht viel von türkischen Männern. Sie behauptet: Der türkische Mann sei charmant und ziehe alle Register, um eine Frau zu erobern. Habe er sie aber eingelullt, verpuffe sein Elan doch sehr schnell. Der türkische Mann sei vergleichbar mit einem Soufflé, dem die Luft ausgegangen ist.

Was guckst du?

Am Abend gibt es schon wieder Tee, dazu reicht Tante Handan mit Spinat und Schafskäse gefüllte Blätterteigtaschen.
Wir nehmen vor dem Fernseher Platz, auf dem großen Sofa. Dort verfolgt Onkel Ismet schon die ganze Zeit Katastrophenmeldungen jeglicher Art, denn an solchen Nachrichten weiden sich die Türken gerne: Grubenunglücke, Explosionen, Bombenanschläge oder Attentate; Bilder der vom Schmerz geschüttelten Hinterbliebenen, die sich, der Ohnmacht nahe, heulend auf den Boden werfen, alles arrangiert wie in einem Videoclip. Als ob das nicht genügen würde, wird das Ganze noch mit melodramatischer Musik unterlegt. Ein Stressszenario sondergleichen, wenn man bedenkt, dass der Fernseher ununterbrochen läuft. Es ist kein Zufall, dass türkische Kinder so sind, wie sie sind. Sie kommen ja auch nie zur Ruhe.
»Dieses Programm macht mich ganz depressiv«, meint Tante Handan zum Glück. Sie nimmt ihrem Mann einfach die Fernbedienung aus der Hand und fragt: »Gibt es denn nichts anderes?«
Und ob es etwas anderes gibt: Dutzende Sender berieseln die Menschen von morgens bis abends.

Beim staatlichen Sender TRT und bei den Nachrichtenkanälen setzt man auf seriöse Information und Moderatorinnen, die nicht aussehen wie geklonte Barbie-Puppen. Sie tragen moderne Namen wie Ece oder Buket und haben so viel Sachverstand, um dem weiblichen Geschlecht keine Schande zu machen.

Die meisten türkischen Privatsender konzentrieren sich auf Unterhaltung. Wobei es dort noch eine Besonderheit gibt: Türken lieben Shows, wo getalkt, gestritten, getanzt, gesungen, geweint und geworben wird, und zwar alles auf einmal. Eine bunte Vielfalt, wie auf einem reichgedeckten Esstisch, mit vielen kleinen Appetithäppchen.

Eines davon ist die Moderatorin, die aussieht, als wäre sie in einen Malkasten gefallen: Ihre Haare sind blond gefärbt, sie trägt ein knallrotes Minikleid und hochhackige Schuhe. Meist singt sie gutgelaunt und verfügt, wie die meisten Türken, über ein gängiges Repertoire an beliebten Liedern. Wenn nötig, macht sie auch Bauchtanz. Dann sind die Zuschauer ganz aus dem Häuschen. Und manchmal, wenn es die Situation erfordert, kann sie auf Knopfdruck weinen – etwa wenn es um das harte Schicksal von Waisenkindern geht oder um Geschichten von Liebenden, die nicht zueinander finden können. Das kommt besonders gut an, denn Türken sind emotionale Menschen.

Bei *Show TV* läuft gerade eine Musiksendung, bei *ATV* eine Art Telenovela, bei *Samanyolu* ein alter Film aus den Siebzigern und bei *Kanal 7* eine religiöse Talkshow. Dort sitzen zwei Moderatoren einem Arzt gegenüber, der wie viele tief religiöse Menschen einen langen Bart trägt und lockere Baumwollkleidung bevorzugt.

Telefonisch zugeschaltet ist eine Frau, die weinend von ihrer Erweckung berichtet und wissen will, ob im Islam ein männlicher Arzt eine Frau untersuchen darf? Und wenn ja, unter welchen Voraussetzungen.
Eine andere fragt, ob es religiös vertretbar sei, wenn eine Frau sich weigere, ihr Baby zu stillen?
Einen anderen Zuschauer treibt die Angst um, die Organspende zu Lebzeiten könnte eine Sünde sein, und nun braucht er Ratschläge.
»Jetzt kommt meine Lieblingsshow bei *Star TV!*«, triumphiert Tante Handan und macht den Fernseher lauter.
»Die Kuppelshow!«, stellt mein Onkel fest. »Wie viele Unverheiratete gibt es denn noch in diesem verflixten Land?«
Anscheinend viel zu viele, warum sonst würden diese Sendungen wie Pilze aus dem Boden schießen? Denn nicht eine, sondern vier solcher Kuppelshows konkurrieren um die Gunst der Heiratswilligen aus allen Regionen der Türkei. Alle Altersgruppen sind vertreten, von der jungen Frau bis zum Greis. Für viele von ihnen ist das Fernsehen die letzte Chance, einen Partner zu finden.
Tante Sibel, die nichts von solchen Sendungen hält, zwinkert mir verschwörerisch zu und meint, das sei Realsatire.
»Psst! Jetzt hab ich den Anfang verpasst«, ruft uns Tante Handan zur Ruhe, während die junge Moderatorin unter tosendem Beifall und mit Musikuntermalung ins Studio geschwebt kommt.
Bei den Heiratswilligen, die mit Namensschildchen am Revers brav in einer Reihe sitzen, herrscht schon angespannte Ruhe. Sie sind in die engere Auswahl gekommen, und vielleicht hat der eine oder andere die Chance, von den Zu-

schauern angerufen zu werden. Der erste telefonische Kontakt läuft folgendermaßen ab:
Der Anrufer fragt: »Wie geht es Ihnen?«
»Danke, gut. Und Ihnen?«
»Danke, gleichfalls.«
Nachdem das Formelle abgehakt ist, kommt nun ohne Umschweife der wichtigste Teil der Befragung, schließlich hat man keine Zeit zu verlieren:
»Wie alt sind Sie?«
»Waren Sie schon mal verheiratet?«
»Haben Sie Kinder?«
»Leben Sie alleine oder mit der Familie?«
»Haben Sie ein Haus, ein Auto, ein festes Gehalt?«
Wenn schon heiraten, dann soll es sich richtig lohnen. Die Katze im Sack kaufen, das will keiner.
Ein Pärchen hat die erste Befragungsphase glücklich überstanden, und nun verstecken sich beide hinter einem Paravent und kauen, denn doppelt hält besser, dieselben Fragen nochmals durch. Bis irgendwann endlich die Trennwand fällt, und zwei vor Unsicherheit stotternde Menschen krampfhaft versuchen, irgendwelche Anknüpfungspunkte zu finden.
Passen die beiden zueinander oder eher nicht? Auch das Publikum darf jetzt eine Bewertung abgeben. Das artet aber bald in einen mittleren Tumult aus, weil irgendjemand behauptet, die heiratswillige Frau sei viel zu alt für den Mann. Bevor es aber zu einem Volksaufstand kommt, setzt die Musik ein, und die omnipotente Moderatorin trällert ein Lied von Sehnsucht, Leid und unerfüllter Liebe, und alles ist wieder gut.
Danach schnell eine kleine Werbung: Etwas abseits steht ein

Tisch mit zwei zylinderförmigen Glasbehältern. In einem befindet sich eine milchige Laugenlösung, in dem anderen eine dunkelbraune Flüssigkeit. »Motoröl«, sagt die Moderatorin, die nun ein blütenweißes Paillettenkleid trägt. Sie nimmt ein T-Shirt und tunkt es in die braune Masse.

Ein Raunen geht jetzt durch das Studio. Ob das wohl wieder sauber wird?

»Nie und nimmer«, ruft das Publikum im Chor.

»Worauf wetten wir?« Die Moderatorin blickt herausfordernd in die Kamera und drückt das ölige T-Shirt in den nächsten Behälter. »Es wirkt! Sehen Sie es? Alles wieder sauber, dank *Vanish Oxi!*«

Das Highlight der Sendung steht aber noch bevor: In der letzten Kuppelshow hatte sich für den 75-jährigen Burhan *bey* überraschend eine Partnerin gefunden. Die Anruferin, eine 42-jährige fünffache Mutter, die einen etwas verlebten Eindruck macht, hatte daraufhin den rüstigen Rentner an seinem Wohnort besucht. Heute sind beide nun in der Sendung, um vor Millionen ihre Eheschließung zu verkünden. Dafür hat Burhan *bey* sogar extra ein Folkloretänzchen einstudiert. Doch das ganze Balzen ist verlorene Müh. Die fünffache Mutter weiß es nicht zu schätzen und wendet sich mit Grausen ab.

»Was ist passiert?«, fragt die Moderatorin überrascht. Die beiden schienen sich doch handelseinig zu sein.

»Ich war bei ihm, hab ihn besucht«, beginnt die Frau bedächtig, bevor sie plötzlich anfängt zu keifen: »Er ist ein armer Wicht. Er hat rein gar nichts, weder Haus noch Geld! Er hat mich, uns alle, angelogen!«

Auch Tante Handan ist empört. Dass der was zu verbergen

hat, habe sie schon in der letzten Sendung gesehen, behauptet sie. Er habe so unehrliche Augen gehabt.
Und auch Tante Sibel kann man nichts vormachen: »Der sucht keine Ehefrau, er sucht eine Putzfrau«, meint sie trocken.
»Und jemanden, der ihm die Schnabeltasse reicht«, fügt ihre Schwester noch ziemlich zynisch hinzu.
Das kann natürlich ihr Mann, auch ein älteres Semester, nicht auf sich sitzen lassen. »Die Tante kann doch froh sein, wenn der Opa sie überhaupt nimmt mit ihren fünf Kindern«, meint er höhnisch und setzt dem Ganzen die Krone auf.
Man denkt ja, diese Hochzeitssendungen seien was für Heiratswillige, aber im Grunde dienen sie eher zur Volksbelustigung. Das Ganze hat etwas von »Brot und Spiele«: ein Theater, wo zur Erheiterung der Massen wilde Tiere und Gladiatoren in die Arena gejagt werden. Ob die Menschen in diesen Sendungen am Ende tatsächlich das große Glück finden, ist eher fragwürdig, aber immerhin verspricht der Sender, für alle Kosten der Hochzeit aufzukommen.

Armer deutscher Mann

Nach der Verkupplungssendung im Fernsehen ist meine Tante Sibel erst recht überzeugt von ihrem Vorurteil über den türkischen Mann. Im Gegensatz zu diesen Soufflés, denke ich, scheint mein Mann – ein wahrer Preuße – einen langen Atem zu haben. Was hat der Arme nicht schon über sich ergehen lassen müssen? Trotzdem bewahrt er Haltung und lässt sich nicht unterkriegen.

Dass sich unsere Ehe wegen meiner türkischen Wurzeln von anderen Ehen unterscheidet, kann ich nicht sagen. Ich stopfe weder unsere Wohnung mit einem Wasserpfeifchen hier und einem handgeknüpften Orientteppich dort voll, also mit allerlei folkloristischen Heimweh-Dekorationselementen, noch rolle ich fünfmal am Tag den Gebetsteppich aus. Verhaltensauffällig und außerhalb der deutschen Norm bin ich eigentlich nur, wenn ich zu laut Kaugummi kaue, wie übrigens die meisten Türken, und wenn ich mein Essen schon vor dem Kosten salze. Sonst aber verläuft unser Leben ganz normal. Aber fragen Sie mal meinen Angetrauten.

Anders als viele andere türkische Familien sind wir eine Mini-Familie mit nur zwei Geschwistern. Nach der Scheidung meiner Eltern und ihrer Rückkehr in die Türkei leben nur noch mein Bruder und ich in Deutschland.

Als mein Mann und ich heiraten wollten, fuhren wir also erst einmal zu ihm, und ich stellte ihm meinen Zukünftigen vor. Ganz das Familienoberhaupt, nahm mein Bruder ihn mächtig in die Zange und fragte, ob er mich, seine Schwester, überhaupt ernähren könne.

Mein Mann war erst mal sprachlos, fing sich aber schnell und entgegnete, dass ich bei ihm gewiss nicht hungern müsse. Den ironischen Unterton überging mein Bruder einfach und fragte, was denn seine weiteren beruflichen Pläne seien. Der Vollständigkeit halber sollte man erwähnen, dass er um acht Jahre jünger ist als mein Mann. Außerdem war er damals ein mittelloser Doktorand. Im Gegensatz zu ihm konnte sich also mein Zukünftiger, der als Assistent der ZDF-Geschäftsleitung arbeitete, eine Familiengründung durchaus leisten.

Mein Bruder jedoch ließ sich nicht beirren und benahm sich weiter wie ein Staatsanwalt beim Verhör. Ob mein Mann irgendwelche Erbkrankheiten habe?

Natürlich nicht, empörte der sich, was meinen Bruder höchst zufriedenstellte.

Zum Schluss meinte er noch, mein Mann müsse ihm hoch und heilig versprechen, immer für mich zu sorgen.

»Ist doch klar«, sagte mein Mann, lässig gespielt, obwohl er innerlich kochte.

Mein Bruder hatte auch nichts anderes erwartet, stand plötzlich auf und drückte ihn gönnerhaft an seine Brust, als sei er Don Corleone höchstpersönlich, der gerade beschlossen hat, ein neues Clanmitglied aufzunehmen. Solche Gefühlsausbrüche sind einem Deutschen eher suspekt. Es ist ein bisschen so, als würde ein zartes Pflänzchen von einer Planierraupe überrollt.

Und auch ich war froh, als diese »Vernehmung« überstanden war. Immerhin schien mein Mann meinem Bruder nicht gänzlich unsympathisch gewesen zu sein. Wer weiß, was er sonst mit ihm gemacht hätte ...

Es kostete mich Jahre, meinen Mann davon zu überzeugen, dass mein Bruder ihn weder habe ärgern noch beleidigen wollen und dass er eigentlich ein verträglicher Mensch sei, auch wenn er es nur gelegentlich zeigen könne.

Heute noch ziehen wir meinen Bruder mit seiner übertriebenen Sorge für seine ältere Schwester auf. Er aber findet sein Verhalten völlig normal. Die Familie muss zusammenhalten und immer füreinander da sein.

Überhaupt ist das Kapitel Bruder und Schwager eine unendliche Geschichte. Das hat mit der spontan-chaotischen Art meines Bruders zu tun. Ich selbst wundere mich nicht mehr darüber, denn ich kenne es nicht anders. In meiner Familie wurde alles auf den letzten Drücker erledigt. Komischerweise funktionierte am Ende immer alles.

Das ist jedoch absolut nichts für meinen Mann. Er ist ein wahrer Ordnungsfanatiker: Im Winter, wenn Schnee angekündigt ist, steht er früh am Morgen mit der Schneeschippe bereit, damit auch niemand hinfallen und uns verklagen kann. Und pünktlich zum Sommer wird der Urlaub genauestens geplant. Da ist mein Mann sehr zuverlässig.

Aber wenn der Schwager mitkommt, gerät seine Planung schon mal aus den Fugen. Das fängt bereits mit dem rechtzeitigen Buchen an. Denn mein Mann bucht mindestens ein Jahr im Voraus. Die Vorteile liegen auf der Hand, denn wer früh dran ist, erspart sich Aufregung und Stress.

Mein Bruder denkt da ganz anders. Er lässt sich Zeit und

wartet bis zur letzten Sekunde. Um an unseren türkischen Urlaubsort Bodrum zu gelangen, wo wir ein traditionelles Holzschiff gechartert hatten, brauchte er einmal über 30 Stunden – und nicht drei, wie es normalerweise üblich ist. Er hatte keinen Direktflug bekommen und musste daher in Rom und Athen umsteigen, wie er uns später erklärte. Wahrscheinlich waren es sogar noch mehr Zwischenstopps, aber bei solch komplizierten Erläuterungen ist er Minimalist.

Wie so häufig fragte mein Mann auch diesmal wieder: »Wo bleibt er denn, dein Bruder?«

Wir waren längst am Hafen angekommen und hatten unsere Kabinen bezogen, doch von meinem Bruder gab es nach wie vor keine Spur. Verständlich, dass die Stimmung auf dem Schiff im Keller war.

»Ich hab ihn erreicht, er ist gerade am Flughafen und nimmt sich ein Taxi hierher«, berichtete ich freudestrahlend. »In fünfzehn Minuten ist er da.«

»Türkische oder deutsche fünfzehn Minuten?«, fragte mein Mann auf seine umwerfend komische Art.

Im Laufe unserer Ehe hat er mitbekommen, dass man die Zeitangaben aus dem Munde eines Türken nicht unbedingt beim Wort nehmen sollte.

Zwei Stunden später kam mein Bruder dann tatsächlich. Langsamen Schrittes lief er die Reling hoch, als ob nichts gewesen wäre, während der Schiffsjunge keuchend sein Gepäck hinter ihm hertrug.

»Deine Ruhe möchte ich haben. Jetzt haben wir einen halben Tag verloren«, klagte mein Mann.

»Keine Panik, wir haben doch schließlich Urlaub«, meinte der Schwager seelenruhig und ließ sich entspannt auf eine der Sonnenmatratzen an Deck fallen. Der Kapitän des Schiffes konnte es kaum erwarten, die Motoren anzuwerfen, um das Boot endlich aus dem Hafen hinein in kühlere Gefilde zu manövrieren.

Er wäre ja gerne pünktlich gewesen, erläuterte mein Bruder seinen Fauxpas mit einer Dose Eistee in der Hand, aber zu allem Überfluss hätte es auch noch ein Problem am Flughafen gegeben.

Ein Problem – *problem var* –, wie oft mussten wir uns das schon anhören! Ich weiß auch nicht, warum bei Türken selten etwas glattläuft. Immer gibt es irgendwelche Schwierigkeiten.

Kein Wunder, dass mein Mann allergisch reagierte: »Lass mich raten, du hattest Übergepäck«, sagte er, während er einen abschätzigen Blick auf die zwei prallgefüllten Koffer meines Bruders warf, die aus allen Nähten platzten. Schließlich kannte mein Mann die Angewohnheit der Türken, alles, was nicht niet- und nagelfest ist, mit in den Urlaub zu nehmen.

Mein Bruder verzog das Gesicht zu einem Grinsen, was bedeutete, dass er den Nagel auf den Kopf getroffen hatte. »Tja, genauso war es«, gab er zu. »Ich hab aber am Check-in-Schalter in Deutschland einen türkischen Fluggast gefragt, ob er mir einen der Koffer abnehmen könnte.«

»Moment mal«, unterbrach ich ihn, »gab es denn noch mehr Türken an Bord, die über Rom und Athen nach Bodrum geflogen sind?« Meinem Bruder hatte ich ja diesen Wahnsinn zugetraut, aber dass auch andere diese Tortur mitmachten?

Er nickte.

»Aber der Türke wollte deinen Koffer nicht«, stellte mein Mann etwas schadenfroh fest.
»Doch, aber in Bodrum war der Mann plötzlich verschwunden.«
»Siehst du, man kann doch niemandem trauen«, bemerkte mein Mann spitz. Er würde nie auf die Idee kommen, wildfremde Menschen um einen Gefallen zu bitten.
Doch mein Bruder lächelte nur milde und winkte ab. »Ich hab ihn ja noch gefunden. Der Mann stand am Duty-Free-Shop und hat sogar auf mich gewartet. Fast hätte er mich ausrufen lassen, um mir den Koffer wieder zurückzugeben.«
So ausführlich wollte mein Mann das eigentlich gar nicht wissen, ihn wurmte vor allem die lässige Art, mit der mein Bruder diese Geschichte erzählte.
»Du hättest dich ruhig mal melden können, um uns Bescheid zu sagen ...«, meinte er, um seinem Ärger etwas Luft zu machen.
Es klang ein bisschen so, als habe er ein Kind vor sich, das wieder mal Unsinn gemacht und dabei die ganze Familie in Aufruhr versetzt hatte.
»Du hast ja recht, aber mein Akku war nach dem letzten Telefonat leer!«
»Auch das noch!« Eigentlich wundert sich mein Mann über gar nichts mehr, wenn es um meinen Bruder geht. Aber das brachte das Fass zum Überlaufen. Ich muss nicht erwähnen, dass er selbst immer einen Ersatzakku dabeihat.
Doch mit solchen Lappalien hält sich mein Bruder für gewöhnlich nicht lange auf, und diesmal retteten unsere Kinder die Situation. Sie stürmten auf meinen Bruder zu, und er breitete die Arme aus, um sie fest an sich zu drücken.

Im Überschwang der Gefühle hätte er sie fast erstickt, und freudestrahlend gab er beiden gleich mehrere laute und feuchte Schmatzer auf die Wangen. Ein Handschlag, eine freundliche Umarmung hätten es auch getan, mein Bruder aber liebt die großen Gesten.

Sofort war er in seinem Element und begann gleich damit, seine Koffer auszupacken und für unsere Kinder ein Geschenk nach dem anderen herauszuholen: Tauchanzüge, zusammensteckbare Stühle für den Strand und kleine Surfbretter. Die Frage, warum er Übergepäck gehabt hatte, war somit geklärt.

Ich betrachtete die Szenerie gerührt und sagte zu meinem Mann: »Sieh mal, die beiden haben so viel Spaß mit ihrem Onkel. Sie freuen sich jedes Mal, wenn er kommt ...«

»... und mit ihnen diese gefährlichen Exkursionen macht«, ergänzte mein Mann. »Wenn er mit ihnen unterwegs ist, habe ich keine ruhige Minute.«

»Ach was, er gibt doch immer acht, dass nichts passiert. Selbst damals, als sie von der fünfzehn Meter hohen Klippe ins Wasser gesprungen sind oder als er mit einem der Kinder mitten in der Fahrrinne im offenen Meer unterwegs war und das Segel des Surfbretts abgebrochen ist. Sie sind immer gesund zurückgekommen.«

»Erinner mich bloß nicht an diese Surfbrett-Geschichte. Wie kann man nur zu zweit surfen wollen? Zum Glück hat ein Fischer aus der Gegend sie an Land geschleppt. Immer haarscharf an der Katastrophe vorbei. Du erinnerst dich doch wohl noch, wie er mit ihnen auf eine unbewohnte Insel gepaddelt ist und sie über Stunden verschwunden waren.«

»Dafür konnte er aber nichts. Sie sind unterwegs aufgehalten worden.«
»Auf einer unbewohnten Insel?«
»Sie sind von Bergziegen angegriffen worden. Auf der Flucht hat er sich sogar verletzt, als er in den Seeigel getreten ist.«
»Lass mal die Kirche oder besser gesagt die Moschee im Dorf. Dein Bruder hat die Ziegen gejagt, weil er das so lustig fand. Und dann sind die Ziegen auf sie losgegangen – so haben es jedenfalls die Kinder erzählt.«
Manchmal hat mein Mann das Gefühl, wir haben nicht zwei, sondern drei Kinder. Als Schwester fühle ich mich immer genötigt, ihn zu verteidigen. Schließlich ist er mein kleiner Bruder.
»Na, gut, er könnte ein wenig vorsichtiger sein«, beschloss ich. »Ich sage ihm, dass er sich zusammenreißen soll. Andererseits hat er sich doch schon gebessert. Diesmal hat er uns nur einen halben Tag warten lassen!«
Kaum hatte ich mein Plädoyer beendet, waren aus der Kombüse aufgeregte Stimmen zu hören, die irgendein Unheil verkündeten. Als wir hineilten, um nachzusehen, kam uns der junge Koch mit schmerzverzerrtem Gesicht entgegen. Seine vor Blut triefende Hand hielt er in die Höhe. Er habe sich bei der Zubereitung unseres Abendessens mit einem großen Messer in die Hand geschnitten, erklärte er, während wir mitleidig auf die klaffende Wunde starrten.
Mein Bruder hatte wie immer die Ruhe weg und fragte, ob es auf dem Schiff Desinfektionsmittel gäbe. Da das offensichtlich nicht der Fall war, verwendete er türkisches Eau de Toilette, *Kolonya* – ein Allroundmittel für Türken, um sich zu erfrischen oder, wie in diesem Fall, um Keime abzutöten. Es

brannte höllisch, wie man sehen konnte, denn der Koch presste die Lippen aufeinander und fragte etwas ängstlich, was mein Bruder jetzt vorhabe.
Natürlich die Wunde nähen. Wir waren schließlich auf offener See, das nächste Krankenhaus war weit weg.
»Bist du schmerzempfindlich?«, fragte mein Bruder.
Der junge Koch schüttelte natürlich den Kopf und biss die Zähne zusammen. Alles andere hätte mich auch gewundert, denn türkische Männer sind hart im Nehmen, jedenfalls tun sie so.
»Du bekommst trotzdem eine kleine Betäubung«, erklärte mein Bruder und ging sein Handwerkszeug holen. Als er zurückkam, hatte er nicht nur eine Art Nähset dabei, sondern auch eine Flasche Wodka.
»Jetzt auf ex«, meinte er zu seinem Patienten, nachdem er ihm ein Wasserglas mit dem Hochprozentigen eingegossen hatte.
Der Koch behauptete zwar, er trinke keinen Alkohol, aber unter OP-Bedingungen war es medizinisch erforderlich, das sah er wohl ein. Mein Bruder begann nun, sorgfältig Stich für Stich und Knoten um Knoten die Wunde zu nähen, so dass am Ende eine penible Naht zu sehen war.
Und was machten unsere sensationsgierigen Kinder? Sie filmten die Angelegenheit mit der Handykamera.

Türkische Männer, auch wenn sie Jahrzehnte in Deutschland leben, müssen sich immer in Szene setzen. Da ist auch mein Bruder keine Ausnahme.
Und im Urlaub ist stets die beste Gelegenheit dazu, so auch dieses Mal: In seinen Iceberg-Bermuda-Shorts und mit der

dunklen Ray-Ban-Brille, hinter der er seinen Scannerblick versteckte, suchte er die Gegend nach irgendwelchen Attraktionen ab, und schon hatte er eine entdeckt. Eine Blondine im Bikini versuchte auf dem Nachbarschiff den Anker zu werfen, während ihr Mann/Freund/Bekannter sich sichtlich abmühte, das Schiff in die Bucht zu manövrieren.

Mein Bruder brachte sein ganzes Fremdsprachenrepertoire zum Einsatz und sprach sie gleich auf vier Sprachen an: »Kann ich helfen? *Can I help you? Je peux vous aider? Mi puo aiutare?*«

Dass er rein gar nichts von der See- und Schifffahrt verstand, war natürlich nebensächlich, obwohl die Lage ein gewisses Maß an maritimen Grundkenntnissen erforderte. Denn nach Auskunft unseres Kapitäns hatten sich die Anker der beiden Schiffe in zwanzig Metern Tiefe verheddert.

»Na, wie wäre es mit Taucherbrille und Flossen?«, neckte ihn mein Mann, weil es unter diesen Umständen fast unmöglich war, dass mein Bruder der Bikini-Frau überhaupt behilflich sein konnte. Eigentlich dachte er: was für ein Machogehabe!

Die Frau, wie sich herausstellte eine Deutsche, ließ sich nur ungern helfen und schaffte es am Ende sogar ganz alleine, den Anker zu setzen. Das hielt meinen Bruder jedoch nicht davon ab, diese wildfremden Menschen an diesem Tag zum Abendessen einzuladen.

»Man kann es auch übertreiben mit der türkischen Gastfreundschaft«, meinte mein Mann, dem es gar nicht passte, sein Essen mit anderen teilen zu müssen. »Diese Leute sehen wir doch nie wieder.«

Ich gab ihm recht, denn es war auch zu befürchten, dass sie

uns das ganze kalte Bier wegtrinken würden. Und hier hört auch meine Gastfreundschaft auf.
Mein Mann entfernte sich auch gleich nach dem Essen unter irgendeinem Vorwand, und die Kinder schlossen sich ihm an. Nur ich blieb mit meinem Bruder und den Gästen am Tisch, wohl aus Solidaritätsgründen.
Aber worüber sprach man mit diesem Pärchen, das wir soeben kennengelernt hatten und das einen etwas verstockten Eindruck machte? Am besten hätten wir sie erst gar nicht eingeladen.
Mein Bruder aber war wie immer zu einem kleinen Schwätzchen aufgelegt, das allerdings im Laufe des Abends und je mehr unsere Biervorräte aufgebraucht wurden, zu einem größeren Schwatz ausartete – wobei er die Konversation dominierte. Er fragte die Gäste, woher sie kämen und wohin sie fahren würden. Darauf folgten ein paar Fragen zu den Daten und Fakten über das Schiff des Pärchens. Wie lang es war und wie breit und wie groß die Segelfläche. Ob ihr Gulet aus Pinie sei. Ach, aus Teakholz, tatsächlich! Ob sie das erste Mal in der Türkei seien. Die Inseln im Ionischen Meer seien zwar auch schön, auch die Sporaden in der nördlichen Ägäis, aber die türkische Küste sei schon etwas Besonderes. Ob sie schon Ephesus, Milet, Priene oder Halikarnassos gesehen hätten. Nein? Diese antiken Stätten seien ein Muss! Ob sie auch die Nase voll hätten von überfüllten Stränden. Auf einem Schiff sei das natürlich etwas völlig anderes. Man ginge an Bord und schippere von einer Bucht zur nächsten. Überhaupt, die Bucht mit der unterirdischen Süßwasserquelle, die sollten sie unbedingt ansteuern, gerade bei diesen hohen Wassertemperaturen sei sie einfach göttlich. Die Bucht

daneben sei eher überlaufen wegen der Tagestouristen, die zu viel Getöse machten, außerdem gäbe es dort zu viele Stechmücken. Und vor den fliegenden Händlern, die Schmuck und Produkte aus der Region verkauften, sollten sie sich in Acht nehmen. Völlig überteuert und der Waldhonig kaum zu genießen.

Die meiste Zeit des Abends redete mein Bruder, und am Ende gab er ihnen seine Visitenkarte. Sie könnten ja mal bei ihm vorbeischauen, wenn sie in Berlin seien.

Mein Mann, dem ich anschließend davon erzählte, fasste sich an den Kopf.

Doch ich beruhigte ihn: »Es ist nicht zu befürchten, dass sie sich tatsächlich melden. Deutsche besuchen doch nicht irgendwelche Leute, die sie nur flüchtig kennen. Das machen nur Türken. *Die* stehen dann tatsächlich auf der Matte, weil sie die Einladung beim Wort genommen haben, und man muss sie tagelang einquartieren und bewirten. Aber du hast recht: Man kann es auch übertreiben …«

Kaum war der Urlaub vorbei und wir alle zurück in Deutschland, machte sich auch schon wieder eine andere sonderbare Marotte meines Bruders bemerkbar: Er liebt es, uns sonntags morgens um sieben Uhr aus dem Bett zu klingeln. Schweißgebadet hechteten wir zum Telefon.

»Ist was Schlimmes passiert?«, fragte ich aufgeregt.

Nein, er wollte nur plaudern und wissen, was die Kinder machten. Ob denn alles in Ordnung sei.

»Hallo, es ist sieben Uhr morgens«, wollte ich aufschreien. »Da möchten normale deutsche Familien ausschlafen.«

Aber leider hat mein Bruder eine andere Zeitwahrnehmung.

Am Wochenende frühstückt er, wenn andere zu Mittag essen, und isst zu Mittag, wenn andere ein Abendbrot zu sich nehmen. Er hinkt also im Tagesablauf immer deutlich hinterher. Und von Sonntagsruhe hat er auch nichts gehört.
»Sollte jemand ganz früh morgens oder spätabends anrufen, dann ist es garantiert deine Familie«, sagte mein Mann, nachdem wir aufgelegt hatten. »Kein normaler Mensch würde das sonst tun.«
Da hat er nicht ganz unrecht, denn nicht nur mein Bruder meldet sich zu den merkwürdigsten Zeiten. Auch die Anrufe meiner Mutter sind legendär, denn komischerweise ist meistens mein Mann dran, wenn sie anruft.
Einmal schien es besonders wichtig zu sein, denn sie sagte nicht einmal »Hallo«, sondern fragte gleich: »Ist Hülya da?«
»Sie ist gerade einkaufen, kann ich was aus...«, wollte der Schwiegersohn sagen, da legte sie schon los. Sie hätte mich in Istanbul bei Euro D im Fernsehen gesehen, und da hätte ich einen so bedrückten und traurigen Eindruck gemacht. Ob ich irgendwelche Probleme hätte?
»Was meinst du mit traurig?«, fragte mein Mann, der sich über diese Fernanalyse über knapp 2000 Kilometer zwischen Mainz und Istanbul wunderte.
»... als hätte sie ein unlösbares Problem.«
»Vielleicht wirkte sie nur ein wenig müde oder war abgespannt, aber traurig im Fernsehen?«
»Du verheimlichst mir doch etwas. Was ist es? Habt ihr euch verkracht?«
Ein paar Tage später kam der nächste Anruf von meiner Mutter, und wieder war mein Mann dran. Diesmal ging es um meinen Bruder. Mein Mann verzog schon das Gesicht,

bevor er mir den Hörer weiterreichte. Wann ich zuletzt mit meinem Bruder gesprochen habe, wollte sie wissen. Denn er sei nicht erreichbar, und im türkischen Fernsehen habe man über einen schlimmen Unfall in Deutschland berichtet mit acht ineinander verkeilten Autos.
»Wie lange hast du denn nichts mehr von ihm gehört?«, fragte ich.
»Seit ein paar Stunden, und immer ist die Mailbox an.«
»Er ist doch kein Kind. Er wird sich schon melden«, redete ich auf sie ein.
»Bitte ruf auch du ihn an. Und sag Bescheid, wenn du ihn erreicht hast.«
»Was ist denn schon wieder los?«, fragte mein Mann.
»Ach nichts. Meine Mutter sucht wieder ihren Sohn.«
Wären die Telefonate nicht so teuer wie ein Ticket von Istanbul nach Frankfurt, sie würde stundenlang mit uns plaudern.
Ein anderes Mal rief meine Mutter an, um meinem Mann auszurichten, sie habe auch für ihn ein Opferlamm geschlachtet. Das ist ein Ritual im Gedenken an Abraham, der als Zeichen seiner Gottesfürchtigkeit seinen Sohn Ismail opfern wollte. Durch die Gnade Allahs wurde er aber davon befreit, so dass er einen Hammel als Opfer darbrachte.
»Ein Opferlamm für mich, wofür denn?«, fragte mein Mann, der Lämmer sehr mag, aber lebendige.
Ihre Antwort war so simpel wie kühn: »Damit du gesund bleibst!«
Wie man sieht, opfert meine Mutter aus ganz profanen Gründen.
»Bist du sicher, dass das klappt? Ich gehe dreimal die Woche

joggen, ernähre mich ordentlich und rauche nicht. Dass es auch mit dem Schlachten von Lämmern geht, das wusste ich noch gar nicht«, sagte er und fragte ironisch, ob diese Opfergabe bei Christen überhaupt wirken würde.
»Doch, doch, natürlich«, behauptete Mutter forsch. Eigentlich würde sie bei jedem wirken, dessen Herz rein sei. Das Christentum sei ja auch eine gute Religion, nur hätten die Menschen sie im Laufe der Zeit verwässert.
Da mein Mann keine Lust auf religiöse Diskurse hatte, meinte er knapp, aber etwas banal: »Wenn das so ist. Dann hoffe ich mal das Beste.«
Eigentlich ist er ja opferlammgeschädigt, aber diesmal hielt er sich mit zynischen Bemerkungen zurück.
In solchen Situationen pflegt meine Mutter immer zu sagen: »Siehst du, dein Mann ist viel toleranter als du. Du dagegen bist stur.«
Das stimmt allerdings. So bezweifle ich den Sinn von Opfergaben jeglicher Art, ob nun in Form von Tieren, Räucherstäbchen, Blumen oder Früchten. Ich bin mir auch nicht ganz sicher, ob wir uns mit diesen Geschenken Gott oder die Götter gewogen stimmen können.
Mein Mann denkt ähnlich. Nur sagt er das nicht so direkt, was ihm viel Sympathie bei meiner Mutter einbringt, aber leider auch dazu führt, dass er sich manchmal ihre übersinnlichen Exkurse anhören muss, die in letzter Zeit zunehmen, wahrscheinlich aus Altersgründen.
Bei einem unserer Türkeibesuche aber brachten die Opferlamm-Eskapaden meiner Mutter ihn fast zum Ausrasten. Da fuhren wir nämlich fast einen halben Tag lang in einem Taxi mit dem Fleisch von einem ganzen Lamm im Kofferraum

herum. An diesem Tag hatte Mutter gleich zwei Lämmer geopfert. Eins, damit ihr Sohn eine Gehaltserhöhung bekam, und das andere, damit die unverheiratete Schwester einen Mann zum Heiraten fand. Die zwei Lämmer wurden gemäß der Tradition in drei Teile zerlegt: Einen Teil durften wir behalten, der andere ging an ärmere Verwandte, und der letzte sollte an die Bedürftigen der Stadt verteilt werden – so das Ritual. Mit dem Fleisch im Kofferraum machten wir uns also auf die Suche nach diesen Bedürftigen, und so fuhren meine Mutter, mein Mann und ich mit dem Taxi quer durch Istanbul.

Dass mein Mann mit dabei war, war eigentlich nicht geplant. Aber Mutter hatte ihn dazu überredet mitzukommen. Wir würden das Fleisch schnell abliefern, versprach sie, und dabei noch eine kleine Sightseeingtour durch die Stadt machen. Das klang zunächst harmlos und amüsant.

Doch wo wir auch hinkamen, wir trafen nur auf übersättigte Menschen, die unsere Segnungen nicht zu schätzen wussten. »In welchem Stadtteil leben denn die meisten Armen?«, fragte meine Mutter schließlich den Taxifahrer.

»Fatih, Mahmutpasa, Sulukule?«, überlegte er. Sein Taxameter zeigte schon die Summe von umgerechnet 40 Euro an. Da waren wir bereits kreuz und quer durch Istanbul gefahren, hatten die ärmlichsten Stadtteile aufgesucht, die übelsten Quartiere zu sehen bekommen, und immer hatte mein Mann die überaus wichtige Aufgabe gehabt, die mindestens dreißig Kilo Fleisch in der Plastiktüte hinter uns herzutragen, während Mutter ihr Lammfleisch wie Sauerbier anpries. Doch jedes Mal hieß es, man sei schon zur Genüge versorgt worden. Erst heute Morgen hätte man eine Wagenladung Fleisch

geschenkt bekommen. Anscheinend war Mutter zu spät dran mit ihrer guten Tat, nur so war das zu erklären.
Mein Mann griff sich erschüttert an den Kopf. »Das darf doch wohl nicht wahr sein! Sind wir denn hier im Irrenhaus?«, fragte er zu Recht. »Jetzt reicht's. Komm, wir fahren nach Hause«, meinte er schließlich gereizt. Seine Sightseeingtour durch Istanbul hatte er sich ganz anders vorgestellt.
»Und was soll aus dem Fleisch werden?«, fragte meine Mutter verwundert.
»Das könnt ihr doch einfrieren!«, schlug mein Mann vor und erntete ein großes Staunen.
»Das geht doch nicht. Auf keinen Fall. Wir müssen uns schon an die Regeln halten. Wir brauchen Bedürftige«, rief sie entrüstet aus. »In Aksaray gibt es doch eine Moschee mit angeschlossener Armenspeisung. Warum schauen wir nicht dort vorbei?«
Der Taxifahrer, der in seinem Berufsleben sicher schon viele sonderbare Menschen gefahren hatte, tat, was ihm aufgetragen wurde.
»Das ist jetzt aber unsere letzte Anlaufstelle«, sagte ich, während ich meinen entnervten Mann taxierte. Es schien, als könne ihn mein Vermittlungsversuch nicht ganz trösten. Wahrscheinlich machte er sich Sorgen um die vorschriftsgerechte Kühlung des Frischfleisches.
Inzwischen zeigte das Taxameter schon umgerechnet 60 Euro.
»Ein teurer Spaß ... Es ist nicht ganz billig, Gutes zu tun«, stellte mein Mann beiläufig fest.
Er hatte wohl beschlossen, sich nicht mehr aufzuregen, stattdessen betrachtete er konzentriert die Autokolonnen neben

uns, die genauso wie wir im berühmt-berüchtigten Istanbuler Feierabendstau feststeckten.
Nach etwa einer Stunde, die geprägt war von diversen Tobsuchtsanfällen meiner Mutter einerseits und den Flüchen des Fahrers über die katastrophale Verkehrssituation andererseits, hatten wir unser Ziel endlich erreicht. Doch auch die Moschee mit der Armenspeisung konnte unser Fleisch nicht gebrauchen. Immerhin gab man uns den Tipp, in einen anderen Vorort Istanbuls zu fahren, etwa dreißig Kilometer außerhalb der Stadt.
Und tatsächlich, dort wurden wir unsere Opfergabe endlich los. Allerdings mussten wir sie dem Vorbeter regelrecht aufdrängen.

Mit dem Mund einen Vogel fangen

Mit einem Knack, knack, knack ... kündigen sich die Lautsprecher des Minaretts an, die auf mein Schlafzimmerfenster gerichtet sind. Es ist halb fünf Uhr morgens. Stundenlang habe ich mich im Bett hin- und hergewälzt. Die drei Tassen schwarzer Tee, die hitzigen Gespräche – keine guten Voraussetzungen für einen erholsamen Schlaf. Und jetzt bin ich hellwach, weil der Muezzin beziehungsweise die Stimme auf Band loslegt, um all die Frommen in dieser Herrgottsfrühe an ihr Gebet zu erinnern, und zwar voller Inbrunst, so dass man fürchtet, taub zu werden. Auch die Tonqualität scheint nicht die beste zu sein, was mir als TV-Journalistin gleich negativ auffällt. Ich habe schon wohltuendere Muezzinstimmen vom Band gehört.
Ich warte ab, bis die Stimmen des Orients verklungen sind, und versuche es mit Entspannungsübungen. Doch ich spüre ein Rumoren in der Magengegend. Habe ich etwa zu viel sauer eingelegtes Gemüse gegessen? Mein Bett ist auch nicht das bequemste und lässt mich jeden einzelnen Knochen spüren. Was ist nur los mit diesem türkischen Bett? Ich stehe auf und sehe nach dem Rechten. Das türkische Kissen scheint in Ordnung zu sein. Ich mag schmale, etwas härtere Kissen. Sie

sind viel angenehmer als die großen, fluffigen deutschen, die wie überdimensionale Marshmallows dem Nacken keine Stütze bieten.

Die türkische Decke hingegen ist eine Katastrophe, die dichte Baumwollfüllung macht sie viel zu schwer. Wahrscheinlich hat sie meine Tante selbst angefertigt und die Baumwolle in die Hülle gepresst.

Ich lupfe die Matratze, die eigentlich keine ist, sondern ebenfalls ein mit Baumwolle gefülltes dünnes Kissen, das asketisch auf einer einfachen Holzpritsche liegt. Wie soll ich die Nächte hier durchstehen?, frage ich mich.

Immerhin schaffe ich es, wieder einzunicken, und plötzlich schrecke ich erneut hoch, es ist halb neun. Diesmal wird nicht Allah gepriesen, sondern es ertönt vom nahe gelegenen Schulhof gleich hinter der Moschee patriotischer Gesang durch mein Fenster. Hunderte Kehlen singen zum Wochenanfang die türkische Nationalhymne, den *İstiklâl Marşı* – eine Hymne vor allem für die kämpfenden Truppen im Unabhängigkeitskrieg. Heute ist sie eine Art Motivationshilfe für die türkische Jugend, damit sie immer an den Idealen des Republikgründers Atatürk festhält.

Nun bin ich hellwach und betrachte das große Bild, das über mir an der Wand hängt, etwas genauer. Es ist keine Kunst im herkömmlichen Sinne, keine Landschaft oder eine historische Darstellung, nein, es sind arabische Schriftzeichen – die Schutzsure *Ayetel Kürsi,* wie mir Tante Handan beim Zubettgehen erklärt hat. Mit goldenem Faden wurde sie auf eine Leinwand gestickt. Meine Tante hat sie von ihrer Pilgerfahrt nach Mekka mitgebracht.

Ich spreche kein Arabisch, und folglich kann ich diese Sure

nicht entziffern, aber sie soll vor allem vor Einbrechern und Dieben schützen. Andere vertrauen da lieber auf Diebstahlsicherung, Vorhängeschlösser und Alarmanlagen, meine Tante aber sagt einfach die *Ayetel Kürsi* dreimal auf, wenn sie aus dem Haus geht, und schon machen die Diebe einen großen Bogen um ihr Hab und Gut. Und sie habe sich auch schon zweimal bewährt, erzählte meine Tante mir stolz. Einmal hätte der Einbrecher versucht, das Schloss an der Eingangstür zu knacken, musste aber aufgeben, was natürlich den überaus heiligen Kräften der Sure zuzuschreiben war. Ein anderes Mal war es dem Einbrecher zwar gelungen, in die Wohnung einzudringen, drinnen aber sei er von der Wirkung der Sure so paralysiert gewesen, dass er seinen eigentlichen Besuch bei Fremden vergessen habe und unverrichteter Dinge abgezogen sei. Denn es fehlte nichts, weder das Haushaltsgeld noch ihre goldenen Armreifen. Der Eindringling hatte sich merkwürdigerweise nur ihre Fotoalben angeschaut, behauptet sie. Das hatte Tante Handan daran erkannt, dass sie angeblich nicht mehr an ihrem üblichen Platz lagen.

Eine überlieferte Erzählung in der mythenbegeisterten Türkei lautet folgendermaßen: Ein Einbrecher bricht in das Haus eines äußerst frommen Mannes ein. Drinnen sieht er den Hauseigentümer und erschrickt zu Tode. Denn der Körper des Mannes ist in zwei Hälften zerbrochen. Wie es scheint, hatte er die *Ayetel Kürsi* nur bis zur Hälfte geschafft, bevor ihn der Schlaf übermannte. Geschockt von diesem Erlebnis, verlässt der Einbrecher fluchtartig das Haus.

Eigentlich sei die *Ayetel Kürsi* ja so etwas wie eine Allround-Sure, meint meine Tante. Man könne sie fast überall einsetzen, auch bei Angstzuständen jeglicher Art.

Wenn ich fest daran glaube, dann hilft mir die Mutter aller Suren vielleicht auch gegen meine Rückenschmerzen, überlege ich.
Es ist schon Viertel vor elf. Soll ich nun aufstehen oder nicht? In der Wohnung ist es mucksmäuschenstill, dafür erklingt die Schulglocke des Gymnasiums – Klaviermusik, und zwar *Für Elise* von Ludwig van Beethoven. Die Türkei hat viele Überraschungen zu bieten, selbst für mich!
»*Kahvaltı!* Frühstück!«, ruft meine Tante.
»Sofort«, antworte ich.
Im Bad stelle ich fest, dass die japanische Toilette nicht nur eine beheizbare Klobrille hat, sondern auch einen Spülgeräuschregler. Schließlich sollen unangenehme Plätschergeräusche übertönt werden und auf keinen Fall nach außen dringen. Wenn man wie Japaner oder Türken so eng auf einem Raum zusammenlebt, ist das vielleicht gar keine schlechte Idee. Türken sind in diesen Dingen genauso schamhaft wie die Japaner. Wäre man Klofetischist, man könnte eine Menge Zeit auf diesem Exemplar verbringen, um die verschiedenen Einstellungen auszuprobieren.
Jetzt freue ich mich aber auf das Frühstück mit Tomaten, Gurken, Oliven, Rührei und gebratenem *Sucuk*. Der Duft dieser stark mit Knoblauch gewürzten Wurst weht schon durch die ganze Wohnung und wahrscheinlich auch durch die Flure des gesamten Wohnblocks und vermischt sich mit allen anderen Ausdünstungen, ob nun Kohlrouladen oder Kuttelsuppe.
Meine Tante sitzt im Schlabberlook am Tisch, mein Onkel, ganz die militärische Schule, mit frischem Hemd und gebügelter Hose. Er achtet streng auf Etikette, so wie er es vor über fünfzig Jahren bei der Armee gelernt hat.

Er fragt, wie ich ihr Hightech-Klo finde.
»Musst du jetzt über solch unappetitliche Sachen sprechen?«, tadelt ihn seine Frau, um mich gleich darauf zu fragen, wie ich geschlafen habe.
»Es ging so«, antworte ich diplomatisch, aber mein Gesicht spricht Bände.
»Komisch, jeder, der unter der *Ayetel Kürsi* schläft, schläft wie ein Stein.«
»Bei mir hat es anscheinend nicht funktioniert.«
»Ohne die Sure hättest du noch schlechter geschlafen«, meint meine Tante mit ihrer verqueren Logik. Aber so kann man sich auch alles schönreden, denke ich.
»Macht nichts«, sagt mein Onkel, »du bist jung. Ich schlafe auch nur drei Stunden in der Nacht, und rate mal, warum?«
»Warum?«
»Weil deine Tante immer durch die Wohnung geistert. Ich sage ja, diese Frau wird noch heilig gesprochen, wenn sie vorher nicht an Übermüdung gestorben ist«, scherzt Onkel Ismet.
Früher, als beide noch jünger waren, hätte er ihre religiösen Dauersitzungen nie durchgehen lassen, aber jetzt ist er wohl altersmilde geworden. Stoisch erträgt er es inzwischen, dass sich seine Frau immer mehr an die Religion klammert, je älter sie wird, obwohl er als ehemaliger Unteroffizier und Anhänger der Republikanischen Volkspartei dem Islam gegenüber eine eher distanzierte Haltung hat.
»Tee?«, fragt Tante Handan und gießt ein wenig von dem pechschwarzen Konzentrat in mein schlankes Glas, bevor sie es mit heißem Wasser verdünnt.
»Nichts geht über einen türkischen Tee«, meint sie.

Mittags mache ich, im Tross von ungefähr fünfzehn Verwandten, einen kurzen Abstecher zu Tante Akgül und Onkel Fikret, die sehr schick und edel wohnen. Von außen ist das zwar nicht gleich zu erkennen, denn sie leben ebenso wie Tante Handan und Onkel Ismet in einem Betonklotz, aber immerhin hat dieser hier nur vier Stockwerke. Drinnen aber erwartet den Besucher teures Ambiente, das allerdings etwas aufgesetzt, kalt und unpersönlich wirkt, wie in einem Möbelhaus. Onkel Fikret arbeitet als Anwalt und verdient ganz ordentlich, so konnte er auch seine beiden Söhne zum Studium nach Amerika schicken – Deutschland war zu piefig, zumindest seiner Ansicht nach.
Außerdem besitzt seine Familie im Südosten der Türkei weitläufige Pistazienhaine, die viel Geld einbringen. Klar, dass er nie ans Auswandern gedacht hat.
Bei ihm ist immer alles ein bisschen großspuriger als bei anderen. Seine Möbel, seine Reisen, sein Auto – und auch, als er um die Hand meiner Tante angehalten hat, wusste er zu beeindrucken. Den Sitten entsprechend wurde eine Armada von Bediensteten zu meinen Großeltern geschickt, die goldene Armreifen, Seidenstoffe, aber auch jede Menge süße Versuchungen überbrachten – auf großen Silbertabletts, die sie auf ihren Köpfen balancierten. Darunter war *Lokum,* ein Konfekt aus Reismehl und Zucker, gespickt mit Pistazien, Nüssen und Kokosflocken oder pur mit nur einem Schuss Rosenwasser, ebenso kandierte Früchte und mit Zucker überzogene Mandeln, die zu süßen Brautsträußen gebunden waren. Das war jedoch nur der Anfang, denn das Ganze mündete in einer rauschenden Hochzeitsfeier wie aus *Tausendundeiner Nacht.*

Auch bei diesem Besuch läuft es darauf hinaus, dass mich wieder alle bestaunen, mich nach meinem Job als Moderatorin beim deutschen Fernsehen befragen – ich sei ja sogar bei Wikipedia zu finden – und natürlich auch nach Mann und Kindern in Deutschland.

Gekommen sind auch Tante Nihal und ihr Ehemann Adil und all die Cousins, die ich bisher noch nicht in die Arme schließen konnte. Allerdings bin ich überrascht, Cousin Münir so putzmunter anzutreffen. Er begrüßt mich herzlich, als sei nichts gewesen. War er nicht lebensbedrohlich erkrankt? Sein Leben hing doch an einem seidenen Faden, so jedenfalls wurde es uns am Telefon berichtet. Er sei schwer an Gelbsucht erkrankt und brauchte dringend eine Lebertransplantation – die letzte Chance, dieses junge Leben zu retten. Wer ein Herz habe, sollte helfen und ihm so viel Geld wie möglich auf sein Konto überweisen. Auch wir ließen uns erweichen und unterstützten ihn. Vielleicht war das ein Fehler, denn Münir wurde nie operiert, und das Geld haben wir auch nicht mehr wiedergesehen. Ob es sich nun um eine spontane Wunderheilung oder böswillige Hinterlist handelt, ist im Nachhinein schwer zu ermitteln. Aber vielleicht sollte man manches auch nicht auf die Goldwaage legen.

Tante Handan, ebenfalls Opfer dieser mutmaßlichen Lügengeschichten, rät mir, ich sollte jetzt lieber nichts Unüberlegtes sagen. Die Leute hier seien ziemlich schnell eingeschnappt.

»Sei vorsichtig«, fügt sie noch hinzu, »lass dich nicht noch mal ausplündern. Aber wenn du später deine Kinder an der Uni unterbringen willst, Münir hat exzellente Kontakte. Er hat in Harvard studiert, ist jetzt Uni-Professor in Ankara und mit dem Rektor bestens befreundet.«

Es ist bereits am späten Nachmittag. Wir stehen wieder vor den Schuhbergen vor Tante Handans Eingangstür, und Muhsin, Muttis Liebling, macht uns auf.
Wie es aussieht, hat er bis jetzt geschlafen, denn er trägt noch seinen Pyjama. Was soll er auch sonst tun? Er ist arbeitslos, und er sucht ja auch schon händeringend einen Job. Nächtelang plaudert er im Internet mit irgendwelchen Freunden, Bekannten und Verwandten, knüpft Kontakte, ist auf der Suche nach einer neuen Geschäftsidee. Vielleicht kennt jemand jemanden, der ihm den entscheidenden Tipp geben kann – in der Türkei ist jeder sein eigenes Arbeitsamt.
Tante Handan fragt, ob Muhsin schon gefrühstückt habe.
Er bejaht, fragt aber seinerseits, was es zum Abendessen gäbe.
Wie wäre es mit Hackfleischtäschchen mit Joghurt-Knoblauch-Sauce? Nein, nicht raffiniert genug! Dann lieber Huhn auf Tscherkessenart mit jeder Menge Walnüsse. Oder doch lieber Hühnchen, gefüllt mit pikanten Kräutern, Korinthen und Pinienkernen? Oder vielleicht Lammkeule mit Joghurtkruste? Der Onkel vom Schwarzen Meer wünscht sich eine Sardinen-Pfanne aus seiner Region, in Erinnerung an alte Zeiten. Mit Tomaten und Kartoffeln oder lieber mit Tomaten und Sellerie?
Ein Hin und Her, das nicht enden will. Am Ende sage ich: »Ich würde gerne mal wieder einen richtigen *lahmacun* essen.« Denn in Deutschland ist die sogenannte türkische Pizza meist ungenießbar. Der labberige Teigfladen schmeckt

wie aufgeweichte Pappe, und der Belag besteht aus einer undefinierbaren Masse aus brauen, grünen und roten Pünktchen. Zum Grausen sind übrigens auch die meist schmuddlig wirkenden Dönerbuden. Die mit den bunten Tellergerichten auf der Fensterscheibe, die leider außerhalb der Türkei die türkische Esskultur repräsentieren.

»Du willst einen echten *lahmacun?*«, fragt meine Tante hocherfreut. »Ich bereite den Belag immer selbst zu, dann bringen wir das Ganze zum Bäcker. Der backt uns die Fladen im Holzofen. Aber neulich hat jemand einen *lahmacun* aus dem Restaurant mitgebracht. Das Fleisch war halb verdorben. Die ganze Zeit musste ich sauer aufstoßen und hatte einen pelzigen Geschmack im Mund.«

Türkischen Hausfrauen kann man in puncto Essen wohl nichts vormachen. Deshalb brauchen sie auch keine Anleitungen von irgendwelchen Fernsehköchen. Das ist auch der Grund, weshalb im türkischen Fernsehen, im Gegensatz zum deutschen, weniger gekocht wird. Und selbst wenn, dann sind keine Begeisterungsstürme von den Zuschauern im Studio zu erwarten oder irgendwelche »Mhmm«-Geräusche, wie bei Lafer und Co.

Dieser kulinarischen Besserwisserei ist es auch geschuldet, dass Tante Handans Familie nur selten auswärts essen geht. Denn auch die Restaurantbesitzer seien Betrüger, von den Köchen ganz zu schweigen. *Die* würden einen fast vergiften, und die Kellner verlangten sogar noch Trinkgeld.

Einzig und allein der Bäcker mit seinem Holzofen findet Gnade vor ihren Augen, weshalb wir eine Stunde später den *lahmacun*-Belag in einer großen Tupperbox dorthin transportieren. Dass der Bäcker ihre Hackfleisch-Gemüse-Mischung ordentlich auf die Hefeteigfladen verteilt, das trauen sie ihm gerade noch zu.

Mein Onkel muss auch mal an die frische Luft, was er selten tut, und so laufen wir gemeinsam die Straße des Viertels entlang.

»Ist es weit?«, frage ich nach einer Weile.

Er schüttelt den Kopf und macht mit der Hand eine wegwerfende Bewegung, als sei der Bäcker gleich um die Ecke.

»Nicht weit.«

Das ist relativ. Das kann eine Strecke zwischen zwei und zwanzig Kilometern bedeuten, und wir sind zu Fuß unterwegs. Onkel Ismet läuft so langsam, dass ich immer wieder nachschauen muss, ob er nicht inzwischen eingeschlafen ist. Er hat es nicht eilig: Mal geht er, mal bleibt er stehen, bestaunt alles, indem er sein Haupt hin und her wiegt. Er ist ja auch pensioniert und hat keinen Termin, bis auf das Abendessen, worauf er sich freut.

Mit einem Mal fragt er: »Was hältst du als Moderatorin eines Europamagazins von der türkischen EU-Mitgliedschaft?«

Ich zögere kurz und beginne dann einen kurzen Vortrag, der hin und her schwankt zwischen den Argumenten »Schon die Aussicht darauf führt zu weiteren demokratischen und sozialen Reformen«, »Die Türkei ist eine wichtige Brücke zu den islamischen Ländern« und »Wenn es klappt, ist es gut, wenn nicht, dann sollte die Türkei trotzdem weiter an ihrem Reformkurs festhalten«.

Je länger ich rede, desto heftiger schüttelt er den Kopf. Er findet es unwürdig, wie die Europäer die Türkei so lange hinhalten, wie die ewige Braut, der man die Heirat versprochen hat.

Das Beste wäre, meint er, ganz auf die Mitgliedschaft zu verzichten und sich nicht so erniedrigen zu lassen. Denn eines sei klar: Selbst wenn die Türken einen Vogel mit dem Mund fangen würden, man würde sie nicht in die EU lassen.
»Mir ist gerade ein EU-Witz eingefallen«, lacht er schließlich und legt los:
»In Brüssel werden Rumänien, Bulgarien und die Türkei einer Prüfung unterzogen. Die erste Frage geht an Bulgarien: ›Wann wurde die Atombombe gezündet?‹
›1945.‹
Jetzt ist Rumänien an der Reihe.
›Auf welches Land wurde sie geworfen?‹
›Japan.‹
Nun die Türkei: ›Wie viele Menschen kamen dabei ums Leben? Name, Adresse, Beruf?‹«
Diesen Witz sollte ich mal den Deutschen erzählen, schlägt er vor. Dann würden sie klarer sehen, wie sehr Europa mit zweierlei Maß messe.
Ich verspreche es, und er beendet sein Lieblingsthema.
Jetzt schlendern wir an vielen Siedlungen vorbei, die ehrenvolle Namen in Anlehnung an die Jahrestage der türkischen Republik oder anderer wichtiger Ereignisse tragen: *100. Yıl, 60. Yıl* oder *40. Yıl Sitesi.*
»In dieser Siedlung wohnen Armeeangehörige«, meint Onkel Ismet und deutet auf einen Wohnkomplex auf der rechten Seite – neun- bis zehnstöckige Gebäude, umrahmt von spärlichem Grün. »Und dort wohnen Journalisten und gleich da drüben städtische Angestellte.«
Welcher Architekt hat sich so etwas Hässliches ausgedacht?, frage ich mich. Und wer baut solch eine triste Betonwüste

und ist auch noch stolz darauf? Das Verblüffende aber ist: Die Türken hier scheint das gar nicht zu stören.
»Wohnt ihr gerne in diesem Viertel?«, frage ich.
Komische Frage, mein Onkel versteht sie nicht.
Klar, für uns in Deutschland sind Hochhäuser abschreckend, in Amerika Symbole der Zivilisation, und in der Türkei sind sie ein notwendiges Übel. Denn wohin soll man auch mit den vielen Menschen, die ein Dach über dem Kopf brauchen?
Unter einem neunstöckigen Hochhaus befindet sich auch der Bäcker. Dort gibt Onkel Ismet unser Abendessen ab, nicht ohne den fachmännischen Rat, die Fladen weder zu kross noch zu weich zu backen, sondern so wie die letzten Male.
Ob ich noch Lust hätte, einen Kaffee zu trinken, fragt er auf dem Nachhauseweg. In der Mall, gleich um die Ecke, was wieder eine bodenlose Untertreibung ist. Die Mall, eine von sechs, die in der Hauptstadt Ankara in den letzten Jahren aus dem Boden gestampft wurden, liegt stadtauswärts auf der anderen Seite der Schnellstraße.
Beim Überqueren werden wir fast überfahren, weil Onkel Ismet wieder schleicht und sich voll darauf verlässt, dass die Autofahrer Rücksicht nehmen auf einen älteren Mann mit Gehbehinderung und eine Frau, die aussieht wie eine Touristin.
»Wie in Amerika!«, triumphiert Onkel Ismet, als wir die Mall durch den großen Eingang betreten. Er findet alle Trends, die aus Amerika in die Türkei rüberschwappen, wunderbar.
Die Mall gleicht einem gigantischen Vergnügungspark, entspricht also voll den Bedürfnissen der Türken: einkaufen,

bummeln, essen und ins Kino gehen, alles unter einem Dach. Hunderte Geschäfte, Restaurants und Cafés reihen sich auf mehreren Etagen aneinander – der amerikanische Hang zur Übergröße macht sich auch hier bemerkbar.

»Unser Vorbild waren schon immer die Amerikaner. Sie verstehen uns auch viel besser als die Europäer«, bemerkt Onkel Ismet, als uns die Rolltreppe in den obersten Stock befördert, vorbei an vielen jungen Leuten, die ameisengleich die Flure dieses riesigen Einkaufszentrums bevölkern und vor den Schaufenstern auf und ab bummeln. Er folgt seiner Nase und steuert zielsicher die Etage mit den Fast-Food-Restaurants an. Onkel Ismet fällt auf inmitten dieser plappernden Grünschnäbel, die vor ihren Tabletts mit abgenagten Hühnerknochen oder Riesenbechern mit Cola sitzen.

Er wird doch nicht noch vor dem Abendessen ein Mac Menü verspeisen?, wundere ich mich.

Vor einem der Plastikstühle bleibt er stehen, lässt sich erschöpft darauf fallen und fragt: »Kannst du mir von Starbucks einen Kaffee holen? Einen Caramel Macchiato.«

Ich verstehe, immer nur türkischer Tee kann ja auch ganz schön nerven.

»Es ist ganz einfach«, erklärt mir Tante Handan die hohe Kunst des *lahmacun*-Zubereitens, als wir am Abend am Küchentisch sitzen. »Für den Belag nimmst du Frühlingszwiebeln, geschälte Tomaten, lange Peperoni und Petersilie und zerkleinerst das Ganze in der Küchenmaschine, dann vermischst du alles mit Rinderhackfleisch und würzt mit scharfem Plättchen-Paprika, Salz, Pfeffer und Kreuzkümmel.«

Zu guter Letzt gibt mir auch Onkel Ismet noch ein paar gute Tipps: »*Lahmacun* musst du mit Petersilie und roten Zwiebeln essen, Zitronensaft darauf träufeln und dann den Fladen zusammenrollen.«

Ich lebe zwar in Deutschland, aber das Türkische ist mir nicht gänzlich fremd, das hat der Onkel wohl vergessen.

Muhsin schiebt sich schnell einen gerollten Fladen in den Mund, denn er muss sich beeilen. Tante Handan hat für ihre anderen Söhne und deren Familien *lahmacun*-Pakete geschnürt. Die muss Muhsin als Kurier überbringen, bevor das Essen auf Rädern noch kalt wird.

»Soll ich mal sehen, was dir die Zukunft bringt?«, fragt Tante Handan nach dem Abendessen.

Ich habe nichts dagegen, und wenig später kommt sie mit zwei kleinen Mokkatassen. Auf jeder schwimmt eine dichte Schaumkrone.

Nachdem ich ausgetrunken habe, kippt Tante Handan meine Tasse kopfüber auf die Untertasse und murmelt irgendwelche Beschwörungsformeln. Danach wartet sie eine Weile, bevor sie die Tasse wieder in die Hand nimmt und nach allen Seiten dreht und wendet. Dabei verzieht sie hier und da das Gesicht, als habe sie etwas Wichtiges entdeckt. Konzentriert prüft und analysiert sie das Innere, damit ihrem scharfen Auge auch keine versteckte Botschaft entgeht.

»Eine nette Beschäftigung für Hausfrauen«, mokiert sich mein Onkel, und auch ich mache mich ein wenig lustig über die Türken und ihr Faible für Übersinnliches.

Doch in der Türkei gibt es ein Sprichwort: Verzichte nicht auf Kaffeesatzleserei, glaube ihr aber auch nicht in jedem Fall. Dass der Blick in die Zukunft so beliebt ist, liegt wohl daran, dass Türken immer irgendwelche Sorgen haben. Und so blickt man auf der Suche nach ein bisschen Trost gerne tief in die Tasse.

»Ja, lacht nur«, verteidigt sich unser Medium in Gestalt von Tante Handan. Sie blickt triumphierend zu meinem Onkel rüber. »Hab ich neulich nicht vorausgesagt, dass dir wahrscheinlich ein Krankenhausaufenthalt droht?«

»Das ist doch kein Kunststück!«, meint er amüsiert. »Ich bin ja auch nicht mehr der Jüngste.«

»Krankheiten? Wenn du in der Kaffeetasse irgendwas davon siehst, dann behalte das lieber für dich. Wenn es aber um die Karriere oder um unverhofften Geldsegen geht, dann erzähl ruhig«, sage ich schmunzelnd.

»Da ist kein Geld zu sehen«, meint meine Tante ernüchternd.

»Schade.«

»Dafür eine Person, wahrscheinlich eine Frau, die dir schwer zusetzt. Das ist hier deutlich zu erkennen«, berichtet sie mit todernster Miene und zeigt mit dem kleinen Finger auf einen kreisförmigen Kaffeesatzklecks, den sie als Frauenkopf identifiziert hat, weil sich um den Klecks strahlenförmige Striche ranken, die man bei genauerem Hinsehen durchaus als Haarbüschel deuten könnte. Was immer es ist, es blickt ziemlich grimmig drein, was meine Tante zu der Annahme verleitet, diese Person bedrohe mich.

»Wer könnte das sein?«, fragt mein Onkel. »Wenn sie blond ist, dann könnte das eine Kollegin in Deutschland sein, die dir deinen Job neidet.«

»Nicht alle meine deutschen Kolleginnen sind blond.«

»Die Haarfarbe ist jetzt völlig egal. Das ist außerdem schwer zu erkennen«, sagt meine Tante äußerst konzentriert.

»Du wirst doch im Kaffeesatz sehen können, ob jemand blond, brünett oder rothaarig ist«, wirft mein Onkel erneut ein.

»Spotte ruhig weiter«, meint meine Tante, während sie immer noch im Kaffeesatz nach versteckten Botschaften sucht.

»Weiß man wenigstens, wie sie heißt?«, stichelt Onkel Ismet weiter.

Sie schaut ihren Mann mit einem durchdringenden Blick von der Seite an, weil sie merkt, dass er sie wieder auf den Arm nehmen will. »Seit wann kann man im Kaffeesatz Namen erkennen?«

»Da hast du es wieder«, protestiert mein Onkel. »Immer wenn man was Konkretes erfahren will, heißt es, man könne nichts Genaues sagen.«

»Moment ... Ich weiß, wie sie aussieht. Mittelgroß, schlank und mit kleinen, stechenden Augen.«

»Wirklich? Ich kenne aber niemanden, der so aussieht.«

»Hier!« Sie deutet auf einen Punkt in der Tasse.

»Wo?« Für mich ist das nur eine Ansammlung von Kaffeepulver.

»Eine Arbeitskollegin, stimmt's?«

»Hmm.«

»Du hast so eine ... wie soll ich sagen ... eine abwehrende Haltung ihr gegenüber, als hättest du was zu befürchten. Siehst du es?«

Ich beuge mich noch mal über die Tasse. Angestrengt betrachte ich die Reste des Kaffeepulvers, und jetzt erkenne ich sie wirklich, die vermeintlich böse Kollegin in Gestalt von Klecksen, Strichen und Linien.

Onkel Ismet beobachtet mich belustigt von der Seite. Offen-

bar fürchtet er, ich könnte mich auf Tante Handans Seite schlagen und ebenfalls die Botschaften des Kaffeesatzes für bare Münze nehmen. Deshalb lässt er es sich nicht nehmen, noch einmal hinterherzuschicken: »Du weißt doch: Verzichte nicht auf Kaffeesatzleserei, glaube ihr aber auch nicht in jedem Fall.«
Gerne nehme ich diesen Rat an und entscheide mich, keinen weiteren Gedanken an die missgünstige Kollegin zu verschwenden.

»Die kennst du doch auch, oder?«, fragt meine Tante, die in der Zwischenzeit den Fernseher eingeschaltet hat, um der Diskussion um ihre Wahrsagekünste ein Ende zu bereiten.
»Klar, das ist Ajda Pekkan«, sage ich wie aus der Pistole geschossen – wahrscheinlich, um zu demonstrieren, dass ich in puncto türkische Promis voll auf dem Laufenden bin.
»Die ist fast so alt wie ich«, meint Tante Handan.
»Sie ist vielleicht über sechzig, aber auf keinen Fall über siebzig«, korrigiere ich sie, bin mir aber auch nicht so sicher. Denn die Pop-Diva trotzt schon seit Jahrzehnten dem Alter, dank diverser Schönheitsoperationen.
»Über sechzig, über siebzig. Wo ist da der Unterschied? Das kommt doch auf dasselbe raus.«
Für mich ist das ein Riesenunterschied, aber egal. »Jedenfalls sieht sie eher aus wie vierzig«, stelle ich fest. Da kann meine Tante auf keinen Fall mithalten.
»Letztes Jahr hat sie nur mit einem Badeanzug bekleidet ein Konzert gegeben«, erzählt Tante Handan, während sie auf dem Bildschirm jede der Bewegungen dieses Jungbrunnens verfolgt. Wie man sieht, nimmt auch sie regen Anteil am auf-

regenden Leben der ewig jungen Sängerin. Trotzdem findet Tante Handan nicht alles gut, was im türkischen Fernsehen zu sehen ist.

»Wenn Frauen in Europa bei einem Konzert einen Minirock tragen, dann muss es hier gleich ein Badeanzug sein«, meint sie und beklagt die mangelnde Moral.

Onkel Ismet, der vor dem Fernseher eingenickt war, ist nun plötzlich aus seinem Sekundenschlaf wieder erwacht. »Müsst ihr immer so viel tratschen?«, beschwert er sich.

Das ist jetzt die Gelegenheit für ihn, die Fernbedienung an sich zu reißen. Er schaltet wild herum und nimmt noch einen Rest Nachrichten mit. Als Ministerpräsident Erdogan eine Rede hält, kann er sich nicht mehr beherrschen und schimpft los. Beim Thema Inflation redet er sich in Rage, und beim Thema Steuern ist er außer sich. Das ruft meine Tante auf den Plan, die meint, dass Erdogan viel für das Ansehen der Türkei getan habe. Man hätte sich inzwischen mit allen Nachbarländern ausgesöhnt oder sei zumindest auf dem besten Wege dahin.

Wie es scheint, geht politisch ein Riss durch diese Familie: Denn während meine Tante die regierende AKP favorisiert, ist mein Onkel Anhänger der oppositionellen CHP. Tante Handan hat aber allen Grund, an seiner Parteitreue zu zweifeln. Denn sie behauptet, wenn Onkel Ismet eine Rentenerhöhung bekäme, würde er ganz schnell die Seiten wechseln.

Es ist weit nach Mitternacht. Muhsin und Onkel Ismet liegen längst im Bett, doch Tante Handan und ich haben noch viel zu besprechen. Schließlich ist die Familie groß, und über jedes einzelne Mitglied weiß sie eine kleine Tratschgeschichte zu berichten. Währenddessen essen wir Melonenkerne. Ich bin fasziniert, wie schnell Tante Handan die Melonenkerne knacken kann, ohne dass sie die Schalen zerbeißt. Sie zerlegt die Kerne sacht mit den Schneidezähnen und pult das Innere geschickt mit der Zunge heraus. Während sie die Schalen, die ihr am Kinn festkleben, ausspuckt, hat sie aber schon den nächsten Kern im Mund, so schnell, dass sie mir wie eine Melonenentkernmaschine vorkommt.

Ich versuche mitzuhalten, doch meine Zunge ist schon ganz taub von dem Salz. Da klingelt das Telefon.

»Wer mag das wohl sein?«, wundert sich Tante Handan. Und auch ich wundere mich ein wenig, aber eher darüber, wie es überhaupt jemand wagen kann, um diese späte Zeit anzurufen. Sie schüttelt sich die Melonenkernschalen von ihrem Rock, bevor sie abnimmt, und verdreht dann genervt die Augen: »Es ist Zühal! Wenn sie anruft, bekomme ich immer Herzrasen. Eigentlich rede ich ja nicht mehr mit ihr«, flüstert sie konspirativ, während sie den Hörer mit der Hand zudeckt. Tante Zühal, also eine ihrer jüngeren Schwestern, die stets ein Geheimnis um ihr Alter macht. Vermutlich ist sie 55. Sie könnte aber auch 60 oder 65 sein, Genaues weiß man nicht.

Aber eines ist sicher: Die beiden Schwestern haben wieder mächtig Zoff. Irgendwie bin ich beunruhigt. Bis es in deutschen Familien so weit ist, muss schon etwas Gravierendes passieren.

Doch all diese Streitereien halten Tante Zühal offenbar nicht davon ab, sich bei ihrer Schwester zu melden.

Vor dem Besuch aus Deutschland will man sich keine Blöße geben, also spricht Tante Handan mit ruhiger Stimme und fragt, was es denn Neues gäbe. Sie hält das Telefon so, dass ich mithören kann.

Nichts Besonderes, wiegelt Tante Zühal ab. Sie habe aber gehört, dass ich da sei. Schade nur, dass man sich nicht sehen könne, sie hätte beruflich zu tun. Mich würde man ja nur noch im Fernsehen bewundern können. Ob ich denn alt geworden sei?

Habe ich richtig gehört? Langsam verfluche ich die Wiederholungen unserer Sendung im türkischen Fernsehen. »Hülya ist doch nicht alt geworden«, beschwichtigt sie zum Glück Tante Handan. »Sie wirkt sogar noch jünger als im Fernsehen.«

Tolles Kompliment! Ich bin anscheinend in eine Familie im Jugendwahn geraten. In einer derart jungen Gesellschaft wie der türkischen scheinen Themen wie Schönheit und die ewige Jugend das Wichtigste überhaupt zu sein. Wobei das Altern ja auch seine Vorteile hat, denn dann wird einem zumindest im Bus sofort Platz gemacht.

»Ich muss jetzt leider aufhören, sonst verpasse ich mein Gebet. Wir sprechen ein anderes Mal«, vertröstet sie nun Tante Handan, nachdem die beiden Schwestern eine Weile über belangloses Zeug geredet und es immerhin geschafft haben, sich dabei nicht in die Wolle zu kriegen. Dann legt sie mit einem gedehnten Seufzer auf.

»Das hörte sich ja nach einer klaren Abfuhr an«, stelle ich fest, denn Tante Handan hat erst vorhin ausgiebig gebetet. Solche Tricks hätte ich ihr gar nicht zugetraut. »Was habt ihr beiden denn für ein Problem?«

»Da fragst du noch! Sie hat mir neulich das Telefon ins Gesicht geschlagen.«

»Was?« Das hört sich nach Körperverletzung an.
Was sie meint, ist aber, dass Tante Zühal während eines hitzigen Gesprächs einfach den Hörer aufgelegt hat, ohne sich freundlich zu verabschieden. Wer diese Redewendung erfunden hat und ob wirklich jemals jemand mit einem Telefon brutal geschlagen worden ist, weiß ich nicht. Auf jeden Fall ist das eine Beleidigung, die einem Gesichtsverlust gleichkommt. Ich frage, was da genau passiert sei.
Sie zuckt die Achseln.
»Ich weiß schon, die alten Geschichten ... Wie lange liegen sie denn schon zurück? Vierzig, fünfzig Jahre?«
Sie winkt ab, als wolle sie eigentlich nicht darüber reden, aber sie kann sich nicht mehr beherrschen und sprudelt los wie ein Schnellkochtopf kurz vor dem Explodieren.
»Weißt du, was mich nervt? Neulich rief sie mich an und fragte, ob ihr fünfzehnjähriger Sohn bei uns vorbeikommen könne. Da ist mir der Geduldsfaden gerissen, und ich habe einfach ›Nein‹ gesagt. Der Junge ist ja nett, aber letztens habe ich über einige Ecken erfahren, ich hätte ihn vernachlässigt, denn er hätte bei mir nichts zu essen bekommen. Das ist doch eine bodenlose Unverschämtheit. Hast du den Eindruck, dass man bei mir darben muss?«
Ich schüttele den Kopf und frage mich, wie man sich nur über so eine Lappalie ärgern kann. »Vielleicht hast du das ja in den falschen Hals bekommen, oder deine Quellen übertreiben ein wenig«, versuche ich die Sache geradezubiegen, aber sie geht nicht darauf ein.
»Jetzt habe ich jedenfalls die Nase voll. Was soll ich denn noch alles für die Familie tun?«, meint sie verbittert. »Ich habe früher, als deine Oma krank wurde, meine ganzen Ge-

schwister versorgt. Habe eingekauft, gekocht, geputzt. Ich war Schwester und Mutter zugleich. Und auch als deine Mutter nach Deutschland ging, war ich für euch da. Du kannst dich vielleicht nicht mehr genau erinnern ...«
»Doch, doch, natürlich, Tante Handan«, sage ich schnell, um nicht undankbar zu erscheinen.
»Und Zühal redet alles klein. Das sei eben früher so gewesen, dass die älteste Tochter den Haushalt führt. So viel sei das auch nicht gewesen. Außerdem hätten alle mit angepackt. Wie denn? Sie selbst hat damals als Architekturstudentin in Istanbul in Saus und Braus gelebt, während man bei mir die Probleme abgeladen hat.«
»Ich weiß ja, wie du dich abgerackert hast«, tröste ich sie. »Irgendwann werden das deine Geschwister anerkennen. Da bin ich mir ganz sicher.«
»Ja, vielleicht«, meint sie, »wenn ich tot bin.« In ihren Augen schimmern kleine Tränen.

Doch ihre Aschenputtelgeschichte hatte wenigstens ein Happy End. Denn irgendwann kam Onkel Ismet und befreite sie von ihrem Joch. Sie heirateten, gründeten eine Familie, und wenn sie nicht gestorben sind, dann leben sie noch heute.

Im Bürokratiedschungel

Am nächsten Morgen bin ich mit meiner Cousine Meral verabredet, die inzwischen aus Deutschland eingetroffen ist. Wir sitzen im Taxi, das uns zur SSK, der türkischen Sozialversicherungsanstalt, bringen soll. Meral ist ausgestattet mit einer Tasche voller Unterlagen und ich mit einem Anflug von Übermut, dass ich ihr bei diesem wichtigen Behördengang helfen kann.
Merals Türkisch ist etwas eingerostet, da sie in letzter Zeit nur noch deutsch spricht. Außerdem kenne ich mich mit der Mentalität der hiesigen Türken besser aus.

Ich liebe das Taxifahren in der Türkei. Zum einen, weil es weniger kostet als in Deutschland, zum anderen, weil es so unkompliziert ist. Man ruft nicht an, man stellt sich einfach nur an die Straße, winkt, und schon hält eines der gelben Autos, die stets die Straßen bevölkern. Vor allem aber mag ich die offene und geschwätzige Art der Fahrer, die auch gerne private Dinge zum Besten geben. Sie erzählen den Fahrgästen, ob sie ledig sind oder verheiratet, ob der Sohn arbeitslos ist oder beim Militär. Man erfährt, ob sie zur Miete wohnen oder eine eigene Wohnung besitzen. Oft wird auch mit Eigenlob nicht gespart. Dann heißt es: »Ich komme aus dem Südosten, bin grundehrlich, habe nie jemanden betrogen. Gott ist mein Zeuge.«

Trotz dieser Beteuerungen sollte man aber vor ihnen auf der Hut sein. Nicht selten fahren sie absichtlich längere Strecken, oder sie manipulieren das Taxameter, vorzugsweise immer dann, wenn man gerade mit dem Flieger aus Deutschland gekommen ist, und der Fahrer meint, man merke es nicht.

Heute aber bin ich mit Meral in der Innenstadt von Ankara unterwegs, da ist es sicher schwerer, uns als »Ausländerinnen« zu identifizieren. Doch weit gefehlt!

»Sie sind nicht von hier ...« Der Taxifahrer ist um die fünfzig, hat neugierige, ausdrucksstarke Augen mit buschigen dicken Augenbrauen. Er blickt fragend in den Rückspiegel. »Aus Deutschland?«

Ich bin einigermaßen überrascht und frage zurück: »Wie haben Sie das denn erkannt?«

»Jahrzehntelange Übung«, antwortet er. Früher habe man es den Türken auch an der Kleidung angesehen, wenn sie aus dem Ausland kamen. Aber inzwischen produziere die Türkei selbst hochwertige Textilien. Und während er erzählt, erregt etwas auf der Nebenspur seine Aufmerksamkeit. Ich blicke neugierig in diese Richtung und sehe ein PS-starkes Fahrzeug. Plötzlich drückt der Taxifahrer aufs Gaspedal, weil er meint, mitten in der Innenstadt ein Wettrennen veranstalten zu müssen.

»Ein Bekannter von mir«, erwähnt er beiläufig.

Doch der Sportwagen ist längst an uns vorbeigezogen, ihm bleibt nichts anderes übrig, als seinem Bekannten ein ver-

ärgerles Hupen hinterherzuschicken. Wir sehen nur noch die Rücklichter des protzigen Wagens und wundern uns über dieses spätpubertäre Verhalten.
Ach ja, wie er unterscheiden könne, ob jemand Einheimischer sei oder aus dem Ausland käme, nimmt er den Gesprächsfaden wieder auf.
»Sie zum Beispiel haben eine ganz andere Körpersprache als die Frauen hier ...«
»Ja, wirklich?« Ich will genauer wissen, was er meint, damit ich mich demnächst tarnen kann. Vielleicht gehe ich dann auch als Einheimische durch und muss nicht wieder den Auslandstürkenzuschlag zahlen.
»Die Gestik, die Mimik ... Türkische Frauen, ich meine, die, die hier leben, sind zurückhaltender, vielleicht etwas verkrampfter. Sie dagegen ...«
Meine Cousine versetzt mir einen leichten Hieb in die Seite und wispert auf Deutsch: »Will der Typ uns anmachen?« Sie spricht wohl aus Erfahrung.
Andererseits ist es eher auszuschließen, dass der Fahrer uns gleich abschleppt.
»Sie dagegen sind viel lockerer und natürlicher«, meint der Taxifahrer.
»Hörst du, jetzt geht es los mit der Anmache«, flüstert Meral, während der Taxifahrer noch ergänzt: »... die legere, zweckmäßige Kleidung, die trittfesten Schuhe.«
Alle Achtung, auch das ist ihm also aufgefallen! Klar, wir sind schließlich nicht auf dem Weg zu einer festlichen Veranstaltung, sondern in eine türkische Behörde. Da muss man viel Gerenne einkalkulieren und sollte deshalb möglichst festes Schuhwerk tragen.

»Ist es noch weit bis zur Sozialversicherungsanstalt?«, frage ich.

Merals Eltern haben dort Beiträge eingezahlt, und weil sie in Deutschland verstorben sind, hat Meral jetzt einen Anspruch auf eine Hinterbliebenenrente. Im Grunde ein feiner Zug des türkischen Staates, für seine Waisen zu sorgen. Doch so einfach rückt er das Geld nicht heraus, wie wir später feststellen müssen.

Es war ja schon mühsam genug herauszubekommen, welche Behörde überhaupt zuständig ist. Dabei musste Meral einen herben Rückschlag nach dem anderen einstecken. Das begann schon bei dem Versuch, eine ganz banale Auskunft über die Öffnungszeiten zu bekommen. Nie war das Amt zu erreichen, obwohl sie offensichtlich die richtige Telefonnummer gewählt hatte. Eines Tages ließ sie es besonders lange klingeln, und siehe da: Endlich meldete sich eine hörbar gereizte Stimme am Ende der Leitung. Ein Staatsdiener, der sie mächtig anschnauzte und erbost fragte, warum sie denn das Amt mit ihren Anrufen terrorisieren würde.

»Ich brauche dringend eine Auskunft«, sagte sie.

Doch anscheinend war das zu viel verlangt, denn der Staatsdiener wollte wohl nicht gestört werden: »Ein normaler Mensch legt nach dreimaligem Klingeln auf, wenn sich niemand meldet«, belehrte er sie.

Anscheinend ist Meral nicht normal. Normal ist es hingegen, wenn Beamte einen so schnöde abservieren, schließlich wollen sie sich nicht überarbeiten – solche Erfahrungen gehören zum täglichen Wahnsinn in türkischen Amtsstuben.

Wer in der Türkei niemanden kennt, der einem unter die Arme greift, ist sowieso verloren. Ursprünglich sollte Onkel Adnan Meral bei den Behördengängen helfen, doch der tat sich mehr als Bedenkenträger hervor, als dass er ihr mit Rat und Tat zur Seite stand.

Schließlich fragte sie Onkel Fikret, denn der ist Anwalt und kennt sich aus mit Gesetzen und Paragraphen und all den Dingen, die einem Laien zum Verhängnis werden können. Immerhin schaffte er es, herauszubekommen, dass die SSK für ihre Angelegenheit zuständig sei. Doch dann verlor er wohl irgendwie die Lust. Als Meral ihn fragte, welche Unterlagen nötig seien und wann sie eventuell mit einem positiven Bescheid rechnen könne, meinte er nur: »*Inşallah* – So Gott will«, und legte alles in Allahs Hand.

Auf Hilfe von oben wollte Meral sich jedoch nicht verlassen, und so nahm sie am Ende die Sache selbst in die Hand.

»Wir sind gleich da«, behauptet der Taxifahrer nun optimistisch, aber eigentlich gibt es kein Vorankommen. Überall Blechlawinen, wir stecken in einem Stau, also bleibt uns viel Zeit für Konversation.

»Ich war auch schon mal in Deutschland«, sagt er beiläufig, während er stur geradeaus blickt.

»Hat es ihnen dort nicht gefallen, oder warum sind Sie wieder zurückgegangen?«, greife ich die Bemerkung auf.

Er wendet den Kopf nach hinten und erzählt offen und ohne Scheu, er sei ausgewiesen worden. Ich denke natürlich gleich an eine Straftat, die er begangen haben könnte, und will wissen, warum er Deutschland verlassen musste.

»Nicht ganz freiwillig«, druckst er nun ein wenig herum. »Ich war illegal in Deutschland.«

Ich werde immer noch nicht ganz schlau aus der Geschichte und erfahre dann, dass ihn sein illegaler Trip durch Bosnien, Kroatien und Italien nach Frankreich geführt hat. In Paris habe ihn dann sein in Deutschland lebender Bruder abgeholt, gemeinsam seien sie im Auto nach Köln gefahren. Eine wochenlange Odyssee also durch halb Europa, bis er endlich in Deutschland, dem Land seiner Träume, angekommen war. Eigentlich brauchen Türken keine Romane, ihr Leben ist wie ein Roman.

»Die erste Etappe von der Türkei in das befreundete Bosnien ist unproblematisch«, erklärt er. »Türken brauchen dort kein Visum. Danach wird es allerdings etwas brenzlig. Wenn man sich von Bosnien aus nach Kroatien durchschlagen muss.«

Ich versuche, mir die europäische Landkarte zu vergegenwärtigen, gehe im Geiste die Routen durch, die er illegal und mit Hilfe von Schlepperbanden zurückgelegt haben muss.

»Und die Kontrollen?«, frage ich.

»Wir haben uns zu zehnt in einem Laster versteckt. Das war noch einigermaßen auszuhalten. Kritisch wurde es erst auf dem Weg von Kroatien nach Italien.«

»In die EU. Sind Sie über die Adria gefahren?«

»Ja, übers Meer. Mit irgendeinem Seelenverkäufer ...«

Eine gefährliche Etappe, überlege ich. Immer wieder berichten die Medien über Illegale, die auf der Flucht in Lastwagen oder Kühllastern ersticken oder mit ihren seeuntüchtigen Schiffen untergehen. Ich frage ihn, warum er dieses Risiko auf sich genommen habe.

»Ich wollte Geld verdienen ... So viel, um die Hochzeit meiner Tochter auszurichten. Ich wollte nicht wie ein armer Schlucker dastehen vor den anderen.«
Und er fragt noch, ob ich ihn verstehen könne.

Nach einer Ewigkeit erreichen wir endlich die SSK. Nachdem uns das Taxi dort abgesetzt hat, fragt mich meine Cousine: »Meinst du, es klappt?«
Sie hört sich ängstlich an, als wäre sie gerade auf dem Weg zu einer schwierigen Prüfung und hätte nur eine Chance. Dabei will sie nur einen simplen Antrag stellen.
Auch ich bin etwas angespannt. Wer weiß, welche Hürden uns in den Weg gelegt werden? Ich erinnere mich an die Erzählungen meiner Mutter, von Gerichtsverfahren, die Jahrzehnte dauern, weil ein Formular, ein Stempel, eine Unterschrift fehlt, weil sich plötzlich ein Amt nicht mehr zuständig fühlt, weil ein Richter versetzt wird oder der eigene Anwalt sich plötzlich auf die andere Seite schlägt, weil ein Sachbearbeiter mit dem falschen Fuß aufgestanden ist, weil er einfach keine Lust mehr hat auf seinen Job, weil er nach Gutdünken entscheidet, weil, weil, weil ...
Für einen Moment verlässt mich der Mut, doch dann schwöre ich mir, dass die türkische Bürokratie uns nicht zermürben wird. Wir werden allen Widrigkeiten trotzen und den Kampf gegen sie aufnehmen.
Also schreiten wir durch den Metalldetektor am Eingang, bringen die Personenkontrolle hinter uns, ziehen eine Nummer und reihen uns in die lange Warteschlange ein, um zu den Sachbearbeitern am hinteren Ende des Raumes zu ge-

langen, die mit Pokerface hinter Glasscheiben sitzen. Sie sind die Herren und die Bürger die Knechte.
Ich beobachte die anderen Wartenden. Ihre gebückte Haltung und die resignierte Art, wie sie die Befehle und Entscheidungen der Beamten hinnehmen, sagt schon sehr viel aus über die Macht des Staatsapparats. Viele Menschen stehen sich hier Stunde um Stunde die Beine in den Bauch, was aber nicht bedeutet, dass sie am Ende erfolgreich sind.
Auch wir haben langsam unsere Zweifel, denn die Nummern, die über den Schaltern aufleuchten – mal ist es eine 195, mal eine 109 und mal eine 233 –, folgen keinem logischen System. Es ist wie bei einer Tombola: Wessen Nummer aus unersichtlichem Grund aufleuchtet, der kommt dran. Ich beobachte fasziniert diese Zahlenfolgen, als plötzlich der Prototyp eines türkischen Beamten vor uns steht. Er trägt einen dunklen Anzug und riecht nach türkischem Eau de Toilette. Doch er lächelt einnehmend und fragt, was denn unser Problem sei.
Wir sind ganz perplex angesichts dieser Sonderbehandlung. Warum hat er nicht den alten Mann mit der sonnengegerbten Haut und der Schiebermütze hinter uns angesprochen? Anscheinend hat man hier als Frau die besseren Karten.
Meral zieht umständlich eine Bescheinigung aus ihrer dicken Unterlagenmappe und sagt: »Es geht um meine Hinterbliebenenrente ...«
Der Mann wirft einen Blick darauf und fragt überrascht: »Ihr verstorbener Vater kam aus Mardin?«
»Äh, ja«, antwortet sie unsicher. Wahrscheinlich überlegt sie, was es mit dieser Frage auf sich hat, und fürchtet, dass man

sie gleich unter dem Vorwand abservieren wird, dass angeblich irgendein Formular fehlt.
Nichts da! Der Mann ist wie aus dem Häuschen. »Ich komme auch aus Mardin!«, frohlockt er, als habe er die längst verschollen geglaubte Halbschwester wiedergefunden.
Kommt einer aus derselben Region wie man selbst, dann sind die Menschen hier wie ausgewechselt und halten wie Pech und Schwefel zusammen. Es lebe der Lokalpatriotismus!
Und ehrlich gesagt, es ist nicht schlecht, dieses System. Denn mit einem Male ist die Stimmung aufgelockert, wir scherzen, wir lachen – mehr aus Erleichterung –, und das Ganze mündet schließlich darin, dass Herr Yilmaz, wie er sich uns nun vorstellt, uns bittet, ihm in sein Büro zu folgen. Er vorneweg, wir hinterher, ziehen wir an den langen Warteschlangen vorbei und handeln uns schräge Blicke ein. Er führt uns in sein Büro, in dessen Mitte ein mächtiger Schreibtisch thront, der nach seinen Ausmaßen zu urteilen nur einem höheren Beamten gehören kann.
Herr Yilmaz hat scheinbar einen Narren an uns gefressen und will uns sogar zum Tee einladen. Wir sitzen nun sehr gemütlich in dicken Sesseln, und es folgt eine ausführliche Erzählung über die Stadt Mardin, ihre Sehenswürdigkeiten und ihre Lage. Er schwärmt von ihrer Geschichte, den alten Traditionen, erzählt uns von seiner Familie, und wir hören interessiert zu. Jedenfalls tun wir so, denn im Grunde ist uns Mardin momentan herzlich gleichgültig, aber ein wenig Smalltalk kann ja nicht schaden. Aus Erfahrung weiß man schließlich: Mit einem freundlichen Plausch und einem gemeinsamen Tee kommt man eher ans Ziel.

»Sie sprechen sicher auch Arabisch?«, will ich nun wissen, weil ich bei ihm einen leichten arabischen Akzent herausgehört habe.

»Klar«, sagt er.

»Wir leider nicht«, meint meine Cousine. »Unsere Familien sind nach Deutschland ausgewandert, als wir noch ganz klein waren.«

»Araber, Türken, Kurden ... Wir Menschen aus Mardin tragen viele Kulturen in uns«, klärt er uns auf und wendet sich nun endlich seinem PC zu.

Wir schöpfen Hoffnung, doch er verkündet zu unserer Enttäuschung, die Aktenlage sei zwar klar, es fehlten aber noch einige Unterlagen. Was sonst! Unter anderem ein Beleg darüber, dass Meral noch ledig sei, denn nur dann könne sie eine Hinterbliebenenrente beantragen.

Meine Cousine kramt nun hektisch in ihrer Mappe, holt eine Bescheinigung nach der anderen heraus, breitet sie auf dem Tisch aus, überfliegt sie und findet schließlich die richtige.

»Die Bescheinigung vom türkischen Geburtenregister im besagten Mardin. Hier steht, dass ich unverheiratet bin.«

Doch da hat sie sich wohl zu früh gefreut, denn die Bescheinigung müsse in Deutschland ausgestellt sein. Er brauche das Original, übersetzt und notariell beglaubigt. »Gesetz ist Gesetz«, sagt Herr Yilmaz, während Meral mit einem tiefen Seufzer die Unterlagen wieder in ihre Mappe stopft und ich ihm erkläre, dass wir die Sache gerne sofort erledigt hätten.

Wahrscheinlich hält er mich für verrückt. Wer die türkische Bürokratie kennt, weiß, dass man sich unter Umständen Monate, wenn nicht gar Jahre darin verfangen kann. Ich

frage, ob wir diese Bescheinigung nicht auch von der deutschen Botschaft in Ankara bekommen könnten.
Er zuckt die Schulter und meint: »Versuchen Sie Ihr Glück!«
Vor der Sozialversicherungsanstalt springen wir schnell in ein Taxi.
»Was war das für ein hohes Tier, dieser Herr Yilmaz?«, fragt meine Cousine auf der Fahrt zur Botschaft, die in Kavaklidere auf einem grünen Hügel liegt.
»Unser väterlicher Freund ist wohl Obersachbearbeiter, einer, der mal nicht den gängigen Vorurteilen über sadistische Beamte entspricht.«
»Hätte er uns nicht zufällig angesprochen ...«
»Freu dich nicht zu früh«, bremse ich ihren Elan, als wir vor einem Betonklotz aussteigen, der mit Stacheldraht, Panzertüren und Gittern wie eine Festung aussieht und vor dem sich ebenfalls lange Schlangen mit Bittstellern gebildet haben.
Ich warte vor den gepanzerten Polizeiwagen, die das Botschaftsgebäude bewachen, doch kaum hat Meral die vielen Sperren und Sicherheitsvorkehrungen überwunden und ist endlich zu einem der deutschen Sachbearbeiter durchgedrungen, kommt sie schon wieder nach draußen. »Aussichtslos! Ich bin zwar Deutsche, aber hier haben sie keinen Zugang zu meinen Daten. Pech gehabt!«
»Und ich dachte, dass wenigstens die Deutschen schneller und unbürokratischer arbeiten würden. So kann man sich irren!«
Herr Yilmaz hatte sich wohl schon gedacht, dass wir mit leeren Händen zurückkommen würden, jedenfalls ist er gar

nicht überrascht, als wir ihn fragen, was wir jetzt tun sollen. Er schlägt vor, diese verflixte Ledigkeitsbescheinigung übersetzt und notariell beglaubigt per Post an die SSK zu schicken, und dann würde man weitersehen.

Allerdings solle Meral nicht vergessen, dieser Bescheinigung noch ein *»dilekçe«* hinzuzufügen, einen offiziellen Antrag, damit alles seine Ordnung habe. Aber wie stellt man einen türkischen Antrag?

Herr Yilmaz schüttelt etwas belustigt den Kopf, zieht einen Vordruck aus der Schublade und kritzelt schnell ein paar Zeilen darauf. Wie einfach!

Meral kann ihr Glück nicht fassen. Sie kann ja nicht ahnen, dass sie noch Millionen Jahre von der Hinterbliebenenrente trennen.

In der Türkei mag sich Meral unsicher sein, in Deutschland aber fühlt sie sich wie ein Fisch im Wasser. So hat sie es immerhin geschafft, für ihre Eltern einen Platz auf einem christlichen Friedhof zu organisieren. Die wollten in der Erde der Stadt, in der sie über vierzig Jahre gelebt hatten und die ihre geworden war, zur letzten Ruhe gebettet werden – das war ihr ausdrücklicher Wunsch. Sie wollten aber auch nach islamischem Ritus bestattet werden, das heißt, die Anordnung ihrer Gräber sollte nach Mekka ausgerichtet und die Bestattung in einem Leichentuch sein. Das aber wurde per Gemeindeordnung nicht zugelassen.

Meral ließ jedoch nicht locker, suchte lange nach einer Lösung, bis sie schließlich ihre Eltern in deutscher Erde in einem christlichen Friedhof bestatten durfte. Das verdient Hochachtung.

Sich eine »Ledigkeitsbescheinigung« in irgendeiner deutschen Behörde zu besorgen ist also eine ihrer leichtesten Übungen, denke ich. Wenn man nur wüsste, welche Behörde diese Art von Bescheinigung ausstellt ... Das Standesamt? Das wäre naheliegend. Doch als Meral nach unserer vergeblichen Odyssee durch den türkischen Bürokratiedschungel in Deutschland anruft und dort auf dem Standesamt nachfragt, erklärt man ihr, man könne ihr höchstens ein Ehefähigkeitszeugnis ausstellen – allerdings nur unter der Bedingung, dass sie der Behörde mitteile, wann sie zu heiraten gedenke. Meral plant aber nicht, sich zu vermählen.

Nach gründlicher Recherche stößt sie schließlich auf das Wohnungsamt, das ihr eine Bescheinigung ausstellt, unter welcher Adresse sie zurzeit gemeldet ist, und das mit dem kleinen Vermerk: ledig, ein Kind.

Schnell lässt sie das Schreiben übersetzen, notariell beglaubigen und wird damit erneut bei der SSK vorstellig. Doch dort erfährt sie, dass das Schreiben inakzeptabel sei, denn »ledig, ein Kind« bedeute im türkischen Verständnis, dass sie verheiratet gewesen sein muss und jetzt geschieden sei. Dass man auch Kinder bekommen kann, ohne vorher den Bund der Ehe geschlossen zu haben, das ist so nicht vorgesehen.

Also ruft sie erneut beim Wohnungsamt an, das sich jetzt über die Argumentation in türkischen Amtsstuben wundert, vor allem über die manische Fixierung auf das Ledigsein. In Deutschland bedeutet »ledig«, dass man zurzeit nicht verheiratet ist. Ein Kind, egal ob ehelich oder unehelich, interessiert dabei nicht.

Verzweifelt fragt sie, ob das Wohnungsamt sich wenigstens den Zusatz »ein Kind« sparen könnte. Natürlich nicht!

Jetzt kann nur noch der Übersetzer helfen. Der – obwohl Türke – will aber nur das übersetzen, was auf der Bescheinigung steht, und lässt sich auf keine Spielchen ein, trotz Merals massiver Umgarnungsversuche.

Am Ende aber fasst er sich doch ein Herz und fügt hinter das für türkische Behörden problematische »ledig, ein Kind« in Klammer hinzu: »war noch nie verheiratet«.

Was für ein Glück, dass unser Herr Yilmaz bereit ist, das zu akzeptieren.

Als wir mit der Bescheinigung in der Hand wieder bei der SSK vorsprechen, folgt jedoch der nächste Schreck: Herr Yilmaz, der uns so selbstlos geholfen hat, ist nicht mehr zu sehen. Man munkelt, er sei versetzt oder gar entlassen worden, doch keiner weiß, warum. Waren es Bestechungsvorwürfe, Begünstigung oder war er einfach viel zu bürgernah?

Sein Nachfolger heißt Ural und ist unser neuer Ansprechpartner – ein Sachbearbeiter mit krimineller Energie, wie wir später feststellen müssen. Er hat schlechte Zähne, nikotingelbe Finger und einen steifen Arm, den er versucht zu verbergen, als wir ihn hinter seiner Glasscheibe im Großraumbüro sprechen. Er erklärt uns, dass er Merals Akte übernommen habe, ihm seien allerdings einige Ungereimtheiten aufgefallen. Außerdem will er wissen, warum sie keinen türkischen Pass mehr besäße. Ob er ihr aus irgendwelchen Gründen aberkannt worden sei?

Nein, um Himmels willen, sie ist keine Vaterlandsverräterin, sie hat weder die Fahne noch die Nation beleidigt, sie ist auch nicht terrorverdächtig. Sie musste notgedrungen ihren türkischen Pass abgeben, als sie vor Jahren die deutsche

Staatsbürgerschaft beantragt hat. Das geschah unter Druck, war also vergleichbar mit einer Zwangsheirat.

Einerseits kann sie froh über ihren deutschen Pass sein, den Porsche unter den Pässen, andererseits würden ihr solche Verhöre erspart bleiben, hätte sie noch den türkischen. Und sie wäre nicht behandelt worden wie die schlechte Kopie einer Türkin.

Also schiebt Meral die ganze Schuld auf Deutschland, das keinen Doppelpass erlaube, und erklärt nochmals, dass sie sich für einen Pass entscheiden musste.

Ganz überzeugt scheint der patriotische Beamte nicht zu sein, denn sie hätte ja den deutschen ablehnen und den türkischen Pass behalten können. Dennoch meint er nun ganz konspirativ, wir sollten am nächsten Morgen zu ihm kommen, da könne er uns Näheres berichten.

Am nächsten Tag, wir brauchen nicht mal eine Nummer zu ziehen, winkt er uns von weitem heran. Er hat schon auf uns gewartet und kann uns berichten, dass Meral trotz des deutschen Passes in den Genuss von türkischen Sozialleistungen kommen könne, denn es gäbe ein bilaterales Abkommen zwischen Deutschland und der Türkei – er habe die Rechtslage erkundet. Anscheinend nicht allzu genau, denn im Gegensatz zu seinem Vorgänger interessiert er sich nicht einmal für die Bescheinigung, dass sie ledig ist.

Er erläutert uns die nächsten Schritte: Meral soll einer Person ihres Vertrauens eine Vollmacht ausstellen, ein Konto bei einer türkischen Bank eröffnen, und ihn dann auf seinem Handy kontaktieren, aber bitte in der Mittagspause. Es ist nicht ganz klar, was er vorhat, geschweige denn, was er von uns will, aber das sollen wir später noch erfahren.

Inzwischen brummt uns schon der Kopf von den vielen Prüfungen, und unsere Füße zieren Blasen – trotz der trittfesten Schuhe.

Da Meral nicht in der Türkei lebt, braucht sie einen türkischen Bevollmächtigten, der in ihrem Namen die monatlichen Zuwendungen aus ihrer Hinterbliebenenrente abhebt und sie dann auf ein Konto einzahlt, das Meral noch eröffnen muss.

Cousin Muhsin hat das große Los gezogen, denn ausgerechnet ihm will Meral eine Vollmacht erteilen. Zum Glück muss er nicht persönlich erscheinen, denn es würde sicher Stunden dauern, bis er sich aus dem Pyjama geschält hätte.

Bevor sie zum Notar geht, braucht sie aber noch zwei Passfotos und die Übersetzung ihres deutschen Passes, weshalb wir nun einen Dolmetscher suchen.

In einer Einkaufspassage im vierten Stock werden wir fündig. An der Tür steht in großen Lettern: »*Professionelle Übersetzungen aller Art, Deutsch, Englisch, Französisch, Spanisch.*«

Voller Achtung betreten wir das Übersetzungsbüro, doch da sitzt nur ein kleiner, dünner Mann einsam am PC und ist mit einem Ballerspiel beschäftigt.

Meral reicht ihm ihren Pass, und ich frage neugierig, wo er wohl Deutsch gelernt habe? Da sagt er: »Brauch ich ja gar nicht, die Übersetzung mache ich aus dem Englischen.« Und das wohl auch nicht ganz ohne Hilfe, denn als meine Cousine sich über den Bildschirm beugt, sieht sie, wie der »Übersetzer« sich in ein Chatprogramm einloggt und jemanden nach einem ihm fehlenden Ausdruck fragt. Und auch das ist wohl nicht ganz korrekt, denn seine Übersetzungshilfe aus dem Netz hat falsch übersetzt. Da muss Meral intervenieren,

damit sie später nicht wegen eines simplen Übersetzungsfehlers noch mehr Schwierigkeiten bekommt.
»So, fertig«, meint der kleine, dünne Mann mit geschäftiger Miene, als habe er Berge versetzt. »Macht 20 Türkische Lira.«
»War ja auch viel Arbeit«, meint Meral ironisch und betrachtet das Blatt in ihrer Hand, das an die vier Stempel und eine schöne Schleife zieren.

Das Notariat beschäftigt mindestens zwanzig Mitarbeiter – bei über 70 Millionen Einwohnern in der Türkei hat man ja genug Auswahl –, und jeder von ihnen hat nur einen kleinen Handgriff zu erledigen. Das gilt auch für die Angestellte am Informationsschalter, bei der wir als Nächstes aufschlagen. Sie hört sich an, was wir wollen, und leitet uns gleich weiter zur Kasse, wo Meral erst mal 55 Türkische Lira loswird.
Danach geht es weiter zum Buchhalter, der inzwischen ein Schreiben aufgesetzt hat und uns zu einem Kollegen in den fünften Stock schickt. Dieser Kollege wiederum bittet uns gleich weiter in den dritten Stock, weil etwas vergessen wurde, danach geht es zum *Başmuhasebeci,* das ist der Oberbuchhalter, der die Dokumente abstempeln muss. Er ist der Einzige in diesem Büro, der an einem eigenen Tisch sitzt, direkt neben ihm wartet schon sein Assistent, der nichts anderes zu tun hat, als die spärlichen Unterlagen zu ordnen, bevor wir erneut am Informationsschalter und schließlich wieder an der Kasse landen. Dort lassen wir erneut ein paar Türkische Lira, bevor ein Kollege der Kassiererin, der schon ganz schwarze Finger hat, erneut stempelt. Nach zwei Stunden ist die Zahl der Stempel auf zehn angewachsen.
Jetzt aber nichts wie raus hier, denken wir, als wir sachte dar-

auf aufmerksam gemacht werden, dass noch etwas Entscheidendes fehlt: die Unterschrift und der Stempel der Notarin nebenan, die mit manikürten Nägeln in einem separaten Zimmer sitzt, im schicken Kostüm und mit Perlenkette. Sie zückt zur Krönung des Ganzen ihr Stempelkissen und überreicht uns milde lächelnd die Vollmacht.

»Müssen die vielen Stempel denn sein?«, fragt meine Cousine mit Schweißperlen auf der Stirn.

»Seien Sie froh, dass es nicht noch mehr Bürokratie gibt«, meint die Notarin etwas resigniert. »Aber«, fügt sie hinzu, »so hat alles seine Richtigkeit.«

Das habe ich auch schon oft in deutschen Amtsstuben gehört, aber hier wissen wir nicht einmal, ob sich die Rennerei am Ende überhaupt lohnt, nachdem wir Hunderte Türkische Lira für Bearbeitungsgebühren und für Taxis ausgegeben haben.

Nachdem wir das Notariat um etliche Stempel reicher hinter uns gelassen haben, steuern wir auf die nächste Bank zu, um ein Konto zu eröffnen, so wie es Herr Ural uns aufgetragen hat. Die Bankangestellte begegnet uns sichtlich gleichgültig, als wir ihr unser Anliegen erklären.

Nun gut, türkische Bankangestellte werden nicht gerade gut bezahlt, und auch die Arbeitsbedingungen lassen vielleicht zu wünschen übrig, aber ist das wirklich ein Grund, die Kunden für diese Unzufriedenheit büßen zu lassen?

Man knallt uns einfach einen Stapel Formulare auf den Tisch – fast vierzig Seiten, die so klein bedruckt sind, dass einem fast schwindlig wird – und bittet Meral, jede einzelne Seite zu unterschreiben. Als wir darauf hinweisen, dass doch vielleicht auch eine einzige Unterschrift am Ende ausreichen würde – so steht es immerhin ausdrücklich auf den Formularen vermerkt –, entgegnet die Bankangestellte etwas pikiert, die Regeln hätten sich eben geändert.

Eine Stunde später sind wir wieder mit Herrn Ural verabredet. Er sitzt neben Meral, ich nehme gegenüber Platz. Wir haben uns an einem anonymen Ort, in einem Restaurant, getroffen, so wie er es uns am Telefon vorgeschlagen hat. Er sagt, er wolle Meral helfen, ihre Hinterbliebenenrente zu bekommen. Er brüstet sich damit, dass er es sogar sehr schnell schaffen könne, ungewöhnlich schnell, sogar innerhalb eines Monats. So schnell würde nicht einmal ein Anwalt arbeiten, den man teuer für seine Dienste bezahlen müsste. Er aber verlange nicht annähernd so viel.
Habe ich richtig gehört?, wundere ich mich. Ich glaube schon. Ich beuge mich über den Tisch.
»Das ist doch Beamtenbestechung«, flüstere ich, damit keiner hört, was hier vor sich geht. »Sie verlangen Geld, damit Sie den Antrag meiner Cousine bearbeiten, obwohl Sie als Staatsdiener sowieso dazu verpflichtet sind.«
Er lächelt unschuldig und entgegnet: »Wissen Sie, was ein Beamter hierzulande verdient? Da kann man keine großen Sprünge machen in einer Großstadt wie Ankara. Vor allem, wenn man eine Familie hat und ... eine Behinderung.« Er deutet auf seinen linken Arm, der ihm wie ein Fremdkörper herunterhängt. »Eine komplizierte Operation, die viel Geld kostet«, erklärt er. »Ich muss selbst schauen, wie ich weiterkomme. Sie helfen mir, ich helfe Ihnen.«
Er blinzelt mich aus pechschwarzen Augen an und wendet

sich dann Meral zu: »Mein Angebot steht. Sie können es sich überlegen. Alle Ihre Unterlagen sind jetzt komplett, dafür habe ich gesorgt ... Nun ja, fast komplett. Ich brauche nur noch eine Arbeitslosenbescheinigung aus Deutschland. Denn nur wer arbeitslos ist, also wirklich bedürftig, kann eine Hinterbliebenenrente bekommen.«

»Was brauchen Sie?«, fragt Meral verwundert.

»Sie gehen doch keiner Beschäftigung nach, oder?«

Meral lächelt etwas unsicher. Natürlich ist sie nicht arbeitslos.

Von einer Arbeitslosenbescheinigung war ja auch nie die Rede gewesen. Auch Herr Yilmaz wollte nichts dergleichen. Die Ledigkeitsbescheinigung, ja. Aber eine Arbeitslosenbescheinigung? Anscheinend hat hier jeder Sachbearbeiter seine Vorlieben. Hätte sie das früher gewusst, dann hätte sie nicht eine Behörde nach der anderen abgeklappert, immer in der Hoffnung, alles könnte sich zum Guten wenden.

Ich merke, wie Meral das Blut in den Kopf steigt. »Sie wollen uns doch nur wieder hinhalten«, sagt sie atemlos und packt mich am Ärmel.

Der deutsch-türkische Amtsschimmel hat sie alles in allem fast ein Jahr lang beschäftigt, sie hat keine Kraft mehr.

Sonst bin ich nicht so schmerzempfindlich, aber ich schnappe mir meine Tasche und flüchte ebenfalls aus dem Restaurant, während uns Herr Ural entgeistert anschaut. Der Ausdruck in seinen Augen verrät, dass er uns für blutige Anfänger hält, die noch immer nicht verstanden haben, wie man in der Türkei die Bürokratie überlistet – nämlich mit Hilfe derjenigen, die sie selbst verursachen.

»Wohin wollen Sie denn?«, ruft er uns hinterher. »Gut, Sie

sind nicht arbeitslos, aber habe ich gesagt, dass ich das nicht irgendwie hinbiegen könnte? Es gibt doch für alles eine Lösung.«
Ein Optimist, wie es aussieht. Trotzdem liegt Merals Sache erst einmal auf Eis und könnte gegebenenfalls wieder reaktiviert werden, sollte sie eines Tages doch noch arbeitslos werden.

Besuch der »alten Dame«

Schwer ist es mir nicht gefallen, Ankara zu verlassen, nachdem mich mein Ausflug in den türkischen Bürokratiedschungel ziemlich ernüchtert hat. So gleicht meine Reise in den Südosten der Türkei, in die Heimat meiner Ahnen, eher einer Flucht. Zum Glück gibt es eine direkte Flugverbindung nach Mardin, wo mich Onkel Adnan mit seinem Renault abholt, damit wir unsere Besichtigungstour beginnen können.
Wir verlassen das Dorf Aznavur und fahren nach Çiğdemköy, dessen früherer Name einst Giremara war. Früher, das heißt wohl in mesopotamischer Zeit.
Onkel Adnan sitzt am Steuer seines Renaults. Er hat ein sonnengebräuntes Gesicht und schwarze, glitzernde Augen. Obwohl er nun schon seit fast dreißig Jahren in dieser bäuerlich geprägten Welt ausharrt, ist er ein Großstadtmensch geblieben, was man vor allem an seiner Kleidung, dem gutsitzenden Anzug und der gestreiften Krawatte, erkennen kann.
»Hast du eine gute Reise gehabt?«, fragt er mich.
Er hat den feinen, geschliffenen Istanbuler Dialekt abgelegt – notgedrungen – und spricht inzwischen mit dem etwas härteren Akzent des Südostens.

»Es war kurz und schmerzlos«, antworte ich. »Mit dem Flieger ist das ja kein Problem mehr, seitdem fast jede Stadt im Südosten einen kleinen Flughafen hat.«
»Ich soll dich von Aylin und den Kindern grüßen. Leider können sie dich nicht persönlich begrüßen«, meint er. »Ich hab sie alle ans Meer geschickt. Die Kinder haben gerade Sommerferien. Du weißt ja, dass es Aylin hier nicht besonders gefällt. Sie nutzt jede Gelegenheit, um in ihre Heimat Izmir zu entfliehen. Im Sommer ist die Hitze auch unerträglich.«
Ich blicke auf den Asphalt, der zu kochen scheint, aber im Hintergrund zeichnen sich sanfte Hügel ab, davor erstrecken sich weite Felder, auf denen Weizen, Hafer oder Baumwolle wachsen.
»Das sind also die Ländereien meines Urgroßvaters«, sage ich fast schwärmerisch.
»Ja, sie liegen an der berühmten Seidenstraße, dem alten Handelsweg, der einst Asien und Europa verbunden hat.«
»Ist das nicht eigenartig? Ich war noch nie hier«, bemerke ich.
Onkel Adnan lächelt ironisch. »Sei froh, dass du in Deutschland lebst, in deinem kuschelig weichen Kokon. In unserer Welt könntest du gar nicht überleben!«
»Meinst du wirklich?«
Vielleicht hat er ja sogar recht. Wenn ich an das Behördenfiasko mit Meral und die berühmt-berüchtigten Handwerker bei meiner Mutter denke, wird mir ganz anders.
»Hier herrscht das Gesetz des Stärkeren, und hier hättest du sicher den Nächstbesten geheiratet, schon allein, um der Langeweile zu entkommen«, ergänzt er schmunzelnd. »Was

gibt es hier schon? Deine Tanten und deine Mutter denken, hier sei das Paradies. Sie können froh sein, dass ich die Stellung halte. Aber was bekommt man als Dank dafür? Einen Tritt in den Hintern!«

Das habe ich auch schon gehört. Aber eigentlich müssten ihm seine Schwestern dankbar sein, dass er seinen Job als Maschinenbauingenieur aufgegeben hat und in die Provinz gezogen ist, um die Ländereien zu bewirtschaften. Aber Adnan sei geizig und egoistisch, er stecke den größten Teil der Einnahmen in die eigene Tasche, anstatt sie aufzuteilen, beklagen meine Tanten. Auf die Idee, dass sich die Geschwister wie Erwachsene zusammensetzen und eine Lösung finden, kommen sie leider nicht. Lieber bekriegen sie sich gegenseitig. Und selbst wenn sie es in Ansätzen versuchen, macht ihnen jedes Mal ihr impulsiver Charakter einen Strich durch die Rechnung. Ich glaube, diese Familie könnte den Einsatz von UN-Blauhelmen gut gebrauchen.

»Und weißt du was? Deine Mutter stachelt die anderen auch noch an. Sie ist die Anführerin dieser feministischen Revolte«, beklagt sich Onkel Adnan bei mir.

»Wirklich?«, frage ich überrascht. »Das wusste ich ja noch gar nicht, aber zuzutrauen wäre es ihr.«

»Wer diese Familie hat, der braucht keine Feinde«, schäumt er weiter. Man würde ihm Knüppel zwischen die Beine werfen und schlimmer noch: seine Autorität vor der Dorfbevölkerung untergraben.

So ist er nun mal, Onkel Adnan, immer in Rage. Dass er nicht gut auf die Familie zu sprechen ist, hat auch noch einen anderen Grund: Die Schwestern haben Aylin, seine Frau, zu Tode beleidigt. Die Arme musste nämlich über einige Ecken

erfahren, dass sie eine Hasenscharte haben soll, auf die sie vor der Hochzeit nicht hingewiesen habe und die sie bis heute geschickt verberge. Seitdem herrscht Funkstille.
Wie es scheint, hat sich Onkel Adnan jetzt abreagiert und kutschiert mich weiter durch diese surreale Landschaft: rote Erde, so weit das Auge reicht, die sich bis zur syrischen Grenze erstreckt.
»Lass uns mal anhalten«, schlage ich spontan vor.
Onkel Adnan bringt den Wagen zum Stehen, und wir gehen ein paar Schritte. Er beugt sich hinunter, greift sich eine Handvoll Erde und lässt sie durch seine Finger rieseln. Die Erdkrümel glitzern wie Gold in der Mittagssonne.
Hier spielten Mutter und ihre Geschwister, als sie noch Kinder waren. Sie buddelten im Boden, und es kamen Münzen, Siegel oder kleine Skulpturen zum Vorschein. Schon damals wunderte sich meine Mutter über die kleinen Männerfiguren mit ihren langen, dauergewellten Bärten. Sie besaßen übergroße Augen, hatten die Hände über der Brust verschränkt. Waren sie irgendwelche Gottheiten?
Jahrzehnte später, als sie schon in Deutschland lebte, ging Mutter einmal ins Pergamon-Museum und sah erstaunt dieselben kleinen Statuen in einer Vitrine liegen. Sie wollte gerade instinktiv nach diesen Ausstellungsstücken greifen, da hörte sie die strenge Stimme des Wärters: »Das darf man nicht berühren.«
Und Mutter lächelte und dachte: Das sind die Figuren, mit denen wir immer als Kinder gespielt haben, als wären es irgendwelche Kieselsteine oder Stöckchen. Und die wir dann einfach wegwarfen, weil wir ihren Wert nicht kannten.
Onkel Adnan deutet nun auf die Hügel ringsherum. »Früher

in Mesopotamien waren das alles Weinberge. Zur Zeit der Sumerer, Assyrer und Babylonier wurde hier viel Wein getrunken. Von dort oben führten Kanäle hinab in die Dörfer, die mit Wein gefüllt waren.«
Das erzähle man sich jedenfalls, fügt er hinzu.
Entlang eines Baches fahren wir nun weiter bis zum Zentrum des Dorfes.
»Siehst du, wie sich hier alles entwickelt hat?«, fragt er, als wir uns dem Dorfplatz nähern, wo unter einem knorrigen Feigenbaum Männer auf kleinen Holzstühlen sitzen, mit Gebetsketten in der Hand, die sie kunstvoll um ihre Zeigefinger wickeln. »Wo vor vierzig Jahren noch Eselskarren zwischen den Feldern rollten, hat nun jeder ein Auto und einen Fernseher. Aber wer Kinos, Theater, Kneipen oder feine Restaurants bevorzugt, ist hier fehl am Platz.«
»Die Häuser sind alle aus Lehm, aber schlecht scheint es den Menschen nicht zu gehen, jedenfalls nach den Satellitenschüsseln auf dem Dach zu urteilen. Was darauf schließen lässt, dass sie auch Strom haben müssen«, stelle ich fest.
»Ja, das ist nicht selbstverständlich in dieser Gegend. Aber leider gibt es hier noch kein fließendes Wasser. Aber jedes Haus hat einen Brunnen«, erklärt er, während er seinen Renault auf dem einzigen schattigen Platz weit und breit abstellt – unter dem Feigenbaum.
Der Dorfvorsteher, Onkel Adnans rechte Hand, übrigens ein entfernter Verwandter, wie mir berichtet wird, wartet schon auf uns. Er hat den obligatorischen Schnurrbart und eine Schirmmütze auf dem Kopf. Sein Auftritt – immerhin ist er eine lokale Größe – ist kraftvoll, doch zugleich etwas ehrfürchtig, als er uns mit einem Handschlag begrüßt.

Und bald hat es sich wie im Sturm herumgesprochen, dass die Nichte von Adnan *bey,* die Enkelin von Ali Rıza *bey,* aus Deutschland angereist ist. Der Platz füllt sich sofort mit neugierigen Menschen: junge und alte Männer, kleine und große Kinder, ein paar ältere Frauen mit langen geblümten Kleidern und dünnen, kunstvoll umhäkelten Tüchern über den hennagefärbten Haaren, die sich diese Attraktion an diesem eher überschaubaren Ort nicht entgehen lassen wollen.
Ich schüttle Dutzende Hände, vielleicht sogar 380 – so viel Bewohner hat das Dorf nämlich –, werde von Onkel Adnan gefühlte hundertmal vorgestellt und muss ständig die drei klassischen Fragen beantworten: wo ich lebe, ob ich verheiratet sei und ob ich Kinder hätte.
Nach dieser Fragestunde wird mir der Junior vorgestellt: der Sohn des Dorfvorstehers – ein gutaussehender Teenager in lässigen Jeans. Der junge Mann bemerkt nun etwas altklug, er kenne mich, er hätte mich gegoogelt, als es hieß, ich würde sie besuchen kommen, und da habe er gelesen, dass ich Moderatorin sei. Nach dem Foto im Internet hätte er aber eine ältere Dame erwartet, fügt er noch forsch hinzu. Ob das tatsächlich mein Bild gewesen sei?
Wie nett, denke ich und verfluche das Internet. Doch bevor weitere Fragen kommen, mache ich gute Miene zum bösen Spiel. Was soll ich auch sonst tun?
Onkel Adnan und seine Familie wohnen herrschaftlich – in der nächst größeren Stadt, im renovierten Haus unserer Ahnen. Das Haus des Dorfvorstehers macht aber auch einen repräsentablen Eindruck: Es hat zwei Stockwerke, nebenan einen Stall mit Kühen und Schafen und ein Auto vor der Tür.

Als wir gemeinsam den großen Hof überqueren, spurtet der Sohn des Dorfvorstehers plötzlich los und jagt einem Huhn hinterher, das er auch unter dem heftigen Protest des Tieres zu fassen bekommt. Ich denke mir nichts dabei. Doch ich sehe gerade noch hinter einem Busch, wie er heftig am Hals des Tieres zieht. Mit einem Ruck hört das Gegackere auf. Ich schaue entsetzt weg. Nein, diese rauhen Sitten sind nichts für mich, wenngleich immer mehr Menschen, auch in Deutschland, in letzter Zeit dem Charme des Landlebens erliegen.

Der Mann des Hauses lässt es sich nicht nehmen, uns durch sein Anwesen, das er mit seinen sieben Kindern und seiner Frau bewohnt, zu führen. Wir beginnen mit dem obersten Stockwerk, wo sich die Familie eine Art Vorratskammer eingerichtet hat. Überall an den Wänden stehen ovale, fast bis an die Decke reichende Behälter aus Lehm, darin sind Trockenfrüchte aller Art gelagert. Außen am Haus führt eine hölzerne Treppe auf das flache Dach, worauf mehrere mit Moskitonetzen bespannte Holzbetten stehen. Wir steigen nun hinab in die Küche, und ich staune nicht schlecht: eine schicke Einbauküche mit deutschen Markengeräten!

Das Wohnzimmer, gleich daneben, ist mit *Kelims* ausgelegt. Wir ziehen die Schuhe aus, setzen uns barfuß oder in Socken auf große bunte Kissen, die entlang der Wände plaziert sind. Die Menschen in diesen Dörfern könnten sich durchaus ein Sofa leisten, aber sie sitzen, schlafen und essen nun mal gern auf dem Boden.

Im Wohnzimmer befinden sich außer mir nur Männer – Söhne, Brüder, Cousins, Neffen und Freunde des Dorfvorstehers. Dass sie mich in ihren Kreis aufgenommen haben, ist ein Zeichen ihres Respekts mir gegenüber. Trotzdem merke ich ihre Blicke, wie sie mich neugierig mustern. Wahrscheinlich treibt sie die Frage um, ob ich denn inzwischen Deutsche geworden sei oder ob ich noch die türkischen Traditionen einhalte.

Viele hier in der Runde haben Bekannte oder Verwandte, die in Deutschland leben. Wer es sich leisten kann, geht aber woandershin, erklärt mir der Dorfvorsteher.

»Nächstes Jahr hat er sein Abitur«, meint er stolz und deutet auf seinen Sohn. »Dann schicke ich ihn zum Studium nach Amerika.«

Überhaupt scheint Deutschland in letzter Zeit etwas aus der Mode gekommen zu sein. Man achtet sie, aber die Sympathie fliegt den Deutschen nicht gerade zu. Vielleicht auch deshalb, weil die Menschen auch hier die ewigen deutsch-türkischen Zerwürfnisse satthaben, über die sie immer wieder in den Zeitungen lesen.

Die Gespräche der Männer, ich kann es nur erahnen, handeln wahrscheinlich von der diesjährigen Ernte. Onkel Adnan unterhält sich auf Kurdisch mit ihnen, in ihrer Muttersprache, die er sich selbst beigebracht hat.

Doch wo sind die Frauen?, wundere ich mich gerade, da schleicht, etwas schüchtern mit Kopftuch und in lange Kleider gewandet, die Frau des Dorfvorstehers in den Raum. Sie begrüßt mich unsicher lächelnd mit einem »*hoşgeldiniz*« und reicht Tee, bevor sie wieder davonhuscht.

Kurz darauf ist Essenszeit, und auf dem Boden, mitten im Raum, wird ein weißes Tuch ausgebreitet. Die Frau des Hauses und ihre Helferinnen, wahrscheinlich Töchter, Cousinen, Tanten und Nichten, stellen darauf die Speisen ab: Joghurt,

Salate, kaltes in Olivenöl gekochtes Gemüse, Reis und Huhn – wahrscheinlich das arme Geschöpf, dem vorhin im Hof der Hals umgedreht worden ist.
So diskret, wie sie gekommen sind, entschwinden die Frauen wieder, denn sie essen nicht mit uns.

Nach dem Essen, als mein Onkel und ich aufbrechen, steht die ganze Großfamilie vor der Tür und winkt mir zu. Die Frau des Dorfvorstehers hat eine kleine Karaffe in der Hand, aus der sie zum Abschied einen Schwall Wasser auf die Türschwelle schüttet, so dass ich die Füße einziehen muss. Und sie schickt mir noch ein »*Yolun açık olsun*« hinterher.
»Dein Weg möge offen sein und komm bald wieder«, sagt sie.

Güle Güle Süperland

Wiederkommen? Ich weiß nicht. Ja, vielleicht, mit Mann und Kindern. Sie kennen diese Region nur aus Erzählungen.
Abenteuerlich war sie, meine Reise zu meinen türkischen Wurzeln und voll neuer, spannender Erkenntnisse. Nach mehreren hundert Litern türkischem Tee und nächtelangen Gesprächen wurde mir klar: Meine Verwandtschaft ist zwar anstrengend, aber dafür äußerst amüsant. Mit ihr wird es jedenfalls nie langweilig.

Vollbepackt, aber diesmal ohne *Mumbar* in der Tasche, lande ich schließlich wieder in Frankfurt. Sonst stehen die Taxis immer in Reih und Glied, heute aber ist keines in Sicht. Ratlos stehe ich herum, als mich ein älterer Mann anspricht:
»Brauchstu Auto?«
»Ja, schon«, zögere ich.
»Mache gute Preis«, sagt er, und da ist alles klar: wieder einer dieser pfiffigen Türken mit einem Faible für neue Geschäftsideen. Von wegen die Produktivität der Türken beschränke sich nur auf den Obst- und Gemüsehandel!
Normalerweise spreche ich Türken in ihrer Muttersprache an. Heute aber tarne ich mich als Deutsche.

»Nur 40 Euro«, sagt er.
Weil ich ihm nicht abgeneigt erscheine, schnappt er sich gleich meinen Koffer und geht mit festen Schritten voraus. Mir bleibt nichts anderes übrig, als ihm hinterherzutrotten. Warum lasse ich mich darauf ein? Will ich Geld sparen? Nein, es ist eher die Neugier, die mich wieder packt.
Seine geräumige Familienkutsche ist gepflegt und bequem. Und als ich neben ihm sitze, er lässig mit nur einer Hand seinen Wagen aus der Parklücke manövriert, frage ich: »Haben Sie denn keine Angst, dass Sie erwischt werden?«
»Warum denn?«, antwortet er mit Unschuldsmiene. »Taxifahrer viel faul. Spielen Karten, stehen rum, machen *laklak*.«
Die quatschen also nur herum. Und da kann man sich einfach dazwischenmogeln und ihnen die Fahrgäste vor der Nase wegschnappen, denke ich.
»Taxifahrer aus Afghanistan, Irak. Viel Geld, fünf Häuser in Heimat«, fügt er noch hinzu und lächelt spitzbübisch.
Und ich dachte immer, das seien arme Kriegsflüchtlinge. Dass sie reich sein sollen, davon habe ich noch nie gehört. Aber typisch, dass man immer mit dem Finger auf andere zeigt, während man selbst irgendwelche Gesetzwidrigkeiten begeht.
»Verkaufen Drogen«, setzt er noch einen drauf. »Sind alles Osama bin Laden. Haben Kopfschal und einen halben Meter Bart«, erklärt er mir, indem er den Bart mit der Hand nachzeichnet.
Komisch, dass mir das noch nie aufgefallen ist. Ich frage ihn, wen er denn so alles fahren würde.
»Amerikaner, Tschinesen«, gibt er bereitwillig Auskunft.

Die seien locker drauf, aber die Deutschen: »Immer Problem.«
Er schüttelt mitleidig den Kopf. »Familie viel kaputt. *Vay be!* Ich fahren deutsche Mann zu Flughafen. Er reisen nach Thailand, suchen Frau. Bauen halbe Million Euro Haus für thailändische Frau. Keiner einer Mensch brauchen Frau in Thailand. Für halbe Million ich kann auch finden Frau in Deutschland. Deutsche Nerven viel kaputt.«

Ich muss unweigerlich lachen und frage ihn, wie er die Türken so einschätzt.
Er braucht erst gar nicht lange zu überlegen und antwortet: »Türken auch problematisch, auch Nerven viel kaputt.«
Den Eindruck habe ich allerdings auch.
Aber was soll's?
Niemand ist perfekt.